Einsterns Schwester

3

LOLA

Themenheft 4

Lesen – mit Texten und weiteren Medien umgehen

Herausgegeben von
Roland Bauer, Jutta Maurach

Erarbeitet von
Marion Bauer, Neuburg an der Donau
Karin Leopold, Erding

Auf der Grundlage der Ausgabe von
Wiebke Gerstenmaier
Sonja Grimm

Cornelsen

Inhaltsverzeichnis

Ich bin Lola und ich helfe dir.

So kannst du mit den Heften arbeiten

Du machst alle
Seiten der Lernportion 1:

zuerst im grünen Heft,	dann im roten Heft,	dann im gelben Heft	und dann im blauen Heft.

 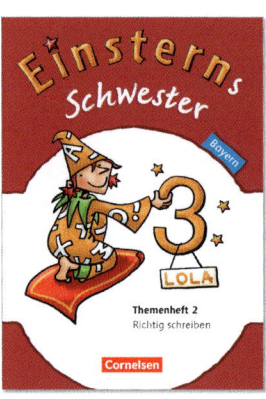  

Danach machst du in
allen Heften die Lernportion 2.

Nun machst du in
allen Heften die Lernportion 3.

Genauso bearbeitest du
alle anderen Lernportionen.

1 Sichtwortschatz erweitern

1 Lies die Wörter und Sätze mehrmals leise.
Übe dann, die Wörter und Sätze laut vorzulesen.
Lies einen Wörterberg oder den Satzberg
einem Partnerkind vor.

Piraten
Piratenschatz
Piratenschatzkiste
Piratenschatzkistenversteck

Ente
Quietscheente
Quietscheentenwettrennen
Badewannenquietscheentenwettrennen

Kapitän Knorre
Kapitän Knorre kämpft
Kapitän Knorre kämpft gegen
Kapitän Knorre kämpft gegen seine
Kapitän Knorre kämpft gegen seine Müdigkeit an.

Lass dir Zeit.
Mache eine kleine Pause
nach jeder Zeile.

2 In diesem Suchrätsel ist in jeder Zeile ein Wort
versteckt. Schreibe die Wörter auf.

Heft 4 Seite 5 Aufgabe 2
Mast, …

```
            M A S T M
          L K A P I T Ä N S
        X F B P F K I S T E D
      N F L F E S C H I F F G S
      D M A T R O S E G F E F E
    M C E G S L E I N E M L R Z N
    G V E G S E G E L V G T D D B
    T J R E T N W P P I R A T E M
    M Z P N M G P I A Z A N K E R
    N V K O C H A R V Y S B S V F
    T P N O M E E R M F J O A
    S T S C H A T Z M E S C F
      F E J I G O L D G E X
      L R U D E R X N M
        F I S C H
```

Tipp!
Fahre mit dem Finger
die Zeile entlang.

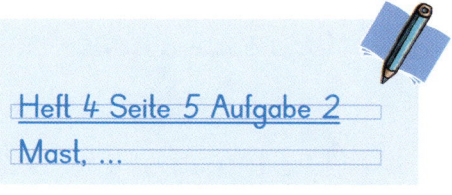

1 Langsam und genau lesen

1 Übe, die Zeilen laut zu lesen.
Suche dir ein Partnerkind.
Lest euch abwechselnd Zeile für Zeile vor.
Beginne bei einem Fehler wieder am Anfang der Zeile.

lange	Stange	Kasten	bange	Rand	Kante	fast	Bast	Art
Lenker	Ring	links	bringen	wild	winken	Henkel	hinter	
küssen	blind	wissen	Schüssel	Bus	nur	Gruß	Liste	trüb
Arbeit	albern	Angst	Ansage	Aster	Amt	arm	Ärmel	am
hexen	wetzen	Wecker	lecken	Bretter	Hetze	kleckern	Kekse	
heißen	heizen	niesen	Reiz	Riese	beißen	Weizen	Geier	

2 In diesem Gedicht sind manche Vokale vertauscht.

a) Lies das Gedicht zuerst leise, dann laut.

O unberachenbere Schreibmischane
O unberachenbere Schreibmischane,
was bist du für ein winderluches Tier?
Du tauschst die Bachstuben günz nach Vergnagen
und schröbst so scheinen Unsinn aufs Papier!
Du tappst die falschen Tisten, luber Bieb!
O sige mar, was kann da ich dafür?

Josef Guggenmos

> Lass dir Zeit.
> Werde bei Fehlern nicht nervös.
> Lies nicht schneller, sondern langsamer.

b) Übe, das Gedicht mit den richtigen Vokalen zu lesen.
Lies es dann einem Partnerkind mit den richtigen Vokalen vor.

3 Überlege dir, ob dir die Leseaufgaben leicht oder schwer fielen.
Schreibe auf, was du gerne verbessern möchtest.

1 Lies den Wörterberg viermal einem Partnerkind vor.
Dein Partnerkind stoppt die Zeit und schreibt sie auf.
Wiederhole bei einem Fehler die Zeile.
Vielleicht wirst du beim 4. Mal schneller.

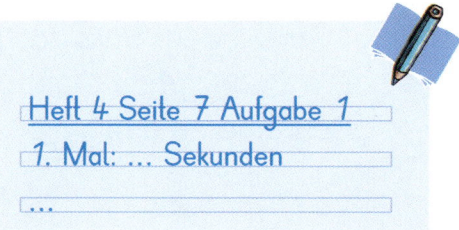

Heft 4 Seite 7 Aufgabe 1
1. Mal: ... Sekunden
...

mutig

Angst auch

geben dem Namen

innen Bauer früher als

Zeile baden Kampf haben Zeit

ihnen Musik Wüste geben hat dieser

Kerze Blatt blind breit welche selbst können

dabei Schiff gegen extra Kosten warum außen mehr

essen Frau gehen Haus helfen Papa einzeln ohne sei ich

fremd Musik Straße sogar Katze Beruf Feuer Nacht muss über

Monat ruhig spitz legen leise König Beere seiner gegen Vater Grund

übrig Donner Schule reisen viel Milch teuer davor lesen weich Sand

Hund für lachen immer kommen los über sehr heute Hilfe Beruf

schön und Mutter leise Farbe glatt stolz unten Paket offen Abend

Du hast
beim vierten Mal
nur noch 56 Sekunden
gebraucht.

2 Suche die Wörter mit **B**/**b**
und **K**/**k** am Wortanfang heraus.
Schreibe sie in einer Tabelle auf.

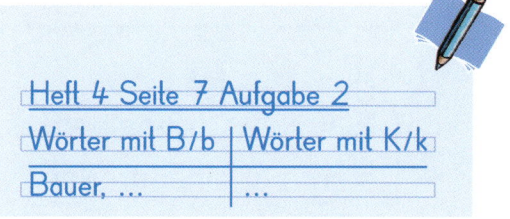

Heft 4 Seite 7 Aufgabe 2

Wörter mit B/b	Wörter mit K/k
Bauer, ...	...

Genaues Lesen üben

1 Ordne jedem Satz das passende Bild zu.
Die Buchstaben ergeben ein Lösungswort.
Schreibe es auf.

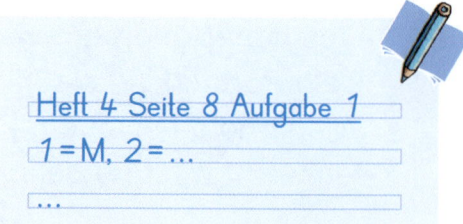

Ein dicker, rot-weißer Leuchtturm steht auf einer kleinen Sandinsel. **1**

Ein dicker, rot-gelber Leuchtturm steht auf einer großen Sandinsel. **2**

Ein dicker, rot-gelber Leuchtturm steht auf einer kleinen Felseninsel. **3**

Ein dünner, rot-gelber Leuchtturm steht auf einer großen Sandinsel. **4**

Ein dünner, rot-weißer Leuchtturm steht auf einer kleinen Felseninsel. **5**

Ein dicker, rot-weißer Leuchtturm steht auf einer großen Felseninsel. **6**

Ein dünner, rot-weißer Leuchtturm steht auf einer großen Sandinsel. **7**

Ein dicker, rot-gelber Leuchtturm steht auf einer großen Felseninsel. **8**

1   Flüssiges Lesen üben

1 Lies den Text einem Partnerkind vor.

> (Ei)(Ei)br(Ei)
>
> (Ei)nes Morgens machten sich die b(ei)den Osterhasen H(ei)ner und H(ei)nz auf,
> um b(ei) den Hühnern von Bauer M(ei)(ei) dr(ei)unddr(ei)ßig bestellte (Ei)(Ei)
> für die Osterf(ei)(ei) abzuholen. Auf dem H(ei)mweg aber stolperten die zw(ei)
> über (ei)nen St(ei)n. „Das ist doch (ei)nerl(ei)", m(ei)nte H(ei)ner, „dann gibt es
> dieses Jahr (ei)nfach Rühr(ei)."

2 Setze beim Lesen immer das Wort ein, das neben der Zeile steht.
Versuche dabei, flüssig zu lesen. Übe mehrmals. Lies einem Partnerkind vor.

Kein Zweifel. Das ___ war ihm zugelaufen. Und es hatte Hunger.	Pferd
Herman ___ mit angewinkelten Beinen im Lesesessel	saß
seines Vaters. Sein Gehirn arbeitete ___ Hochtouren.	auf
Was konnte er dem Pferd ___? Frühstückte ein Pferd über-	anbieten
haupt? Und was ___ ihm? HAFER! Die Frühstücksflocken,	schmeckte
fand ___, waren mit das Schlimmste in seiner Familie.	Herman
Es gab immer nur die eine Sorte und es gab sie in ___ Mengen.	rauen
Sie schmeckten staubig, ___, spelzig, mampfig, dumpf und	mehlig
___ nicht süß. Das würde dem Pferd gefallen.	überhaupt

Hilke Rosenboom

3 Entschlüssle die Rätselwörter.
Lies den Text dann
einem Partnerkind flüssig vor.

Tipp: Schreibe den Text auf,
wenn dir das Entschlüsseln
schwerfällt.

Paul Maar

1   Im Lesetandem lesen

1   Suche dir ein Partnerkind. Lest gemeinsam, wie ihr ein Lesetandem bildet:

> • Ein Kind stoppt die Zeit (1 Minute): Es ist der Lesetrainer.
> • Das andere Kind liest: Es ist der Lesesportler.
> • Der Lesetrainer führt den Finger über die Zeile.
> • Der Lesetrainer passt auf. Bei einem Fehler verbessert sich der Lesesportler selbst oder bekommt Hilfe vom Lesetrainer. Dann fängt der Lesesportler am Satzanfang nochmals an.
>
>
>
> • Der Lesesportler liest viermal eine Minute den gleichen Abschnitt von vorne. Kommt er Schritt für Schritt weiter?
>
> • Der Lesesportler holt sich von seinem Lesetrainer eine Rückmeldung: Habe ich flüssig gelesen? Habe ich in einem guten Tempo (nicht zu schnell, nicht zu langsam) gelesen? Habe ich gut betont?
> • Besprecht euch mündlich oder schreibt gegenseitig in eure Lerntagebücher.
>
> • Tauscht dann die Rollen.
> • Erarbeitet euch auf diese Weise die nächsten Sätze, bis ihr den ganzen Text gelesen habt.

> Ein Lesetrainer muss geduldig sein. Lobt euch gegenseitig, wenn etwas gut geklappt hat!

2   Erkläre deinem Partnerkind in eigenen Worten, wie ein Lesetandem funktioniert.
Lasse dir das Lesetandem dann von deinem Partnerkind erklären.

3   Lest den folgenden Text im Lesetandem.

Lippel

Was war das nur für ein Wetter!
Im Kalender stand Juni, aber das Wetter benahm sich so hinterhältig, als wäre erst April. Wenn Lippel zum Beispiel aus dem Haus ging, um für sich und seine Eltern Joghurts zu kaufen, schien die Sonne. Aber kaum war er dreihundert
5   Schritte weit weg, fing es heftig an zu regnen. Es regnete vier Minuten lang.

(Das ist ungefähr die Zeit, die Lippel brauchte, um zurückzurennen, zu klingeln, ins Haus zu stürmen, seinen Regenmantel anzuziehen und wieder hinauszugehen).

War Lippel dann wieder dreihundert Meter vom Haus entfernt, kam die Sonne
10 heraus. Und weil er keine Lust hatte, noch einmal zurückzugehen, musste er bei strahlendem Sonnenschein im Regenmantel einkaufen.

Wenn er sich beim ersten Regenschauer aber einmal nicht sofort umdrehte und zum Haus rannte, weil er sich sagte: „Es hört ja doch gleich wieder auf!", dann regnete es bestimmt den ganzen Nachmittag und Lippel kam nass
15 wie ein Tafellappen vom Einkaufen zurück.

Lippels Vater sagte oft: „Ich weiß gar nicht, was du gegen das Wetter hast! Es ist doch schön abwechslungsreich."

Aber Vater hatte gut reden. Er blieb den ganzen Tag im Haus und schrieb an seinen Artikeln für die Zeitung.
20 Da hatte es Lippel schon schwerer. Schließlich musste er vormittags in die Schule und nachmittags ging er entweder einkaufen oder in die Stadtbücherei, um sich Bücher auszuleihen.

Paul Maar

 4 Suche mit deinem Lesepartner jede Woche einen neuen kurzen Text (in der Klassenbücherei, Schulbücherei ...), den ihr auf diese Weise erarbeitet. Sucht euch immer wieder neue Lesepartner. Halte die Rückmeldungen deiner Lesetrainer und deine Fortschritte in deinem Lerntagebuch fest.

 5 Tauscht euch darüber aus, was euch beim Lesen hilft.

Ich muss einen Text oft üben, bis ich ihn flüssig vorlesen kann.

Erst wenn ich einen Text verstanden habe, kann ich ihn gut vorlesen.

Wenn ich den Text verstehe, kann ich ihn auch betont vorlesen.

Schnell lesen

1 Tippe mit dem Finger auf die Buchstaben in der richtigen Reihenfolge des Abc. Ein Partnerkind kontrolliert.

2 Suche dir einen Wörterberg aus.
Lies die Wörter halblaut so schnell wie möglich von oben nach unten. Dein Partnerkind stoppt die Zeit. Beginne von vorne, wenn du einen Fehler machst.

Heft 4 Seite 12 Aufgabe 2
1. Versuch: …
2. Versuch: …

ob	Segelboot
ab	Werkbank
als	Zündkerze
aus	Pferdestall
jetzt	Winterreifen
trotz	Luftmatratze
raus	Grundschule
darum	Klohäuschen
warum	Lenkdrachen
weshalb	Führerschein
Albtraum	Englischlehrer
Trampeltier	Taschenrechner
Lattenzaun	Traktoranhänger
Warteraum	Getränkeautomat
Bergsteiger	Diesellokomotive
Ringelnatter	Personalausweis
Gartenzwerg	Fahrradreparatur
Rampenlicht	Windschutzscheibe
Badeschaum	Verbrennungsmotor
Kinderzimmer	Freizeitbeschäftigung

2. Lesestrategien vor dem Lesen anwenden

> Betrachte vor dem Lesen die Bilder des Textes und lies die Überschrift.
> Stelle dir dann vor, wovon der Text handeln könnte.

 1 Betrachte gemeinsam mit einem Partnerkind das Bild und die Überschrift. Überlegt dann gemeinsam, wovon der Text handeln könnte. Lest den Text im Lesetandem. Überprüft eure Vermutung.

Planet Willi

Willi kommt von einem anderen Planeten. Auf Willis Planeten versteht man sich ganz ohne zu

5 sprechen. Das ist praktisch, denn so braucht man nicht verschiedene Sprachen zu lernen. Für Willi ist die gesprochene Sprache schwer zu lernen. Oft ist Willi deswegen unglücklich und muss sehr laut schreien, bis seine Eltern begreifen, was er möchte. Deshalb sprechen sie viel mit den Händen.

10 Willi hat eine kleine Schwester. Sie heißt Olivia. Olivia kommt nicht von Willis Planeten. Darüber haben sich ihre Eltern gefreut, denn so haben sie von jedem etwas. Olivia kann ganz toll mit dem Mund sprechen und Willis Gebärdensprache mit den Händen. Sie hilft den Erwachsenen, Willis Zeichen zu verstehen. Wenn ihr Papa mal vergessen hat, wie eine Gebärde geht, braucht er sie nur zu fragen. Olivia

15 hat viel von Willi gelernt, zum Beispiel wie man einen richtig tollen Trotzanfall hinlegt oder wie man auf dem Spielplatz von anderen Müttern jede Menge Kuchen und Kekse bekommt. Außerdem kann sie perfekt Willis Kuschelattacken abwehren, wenn sie gerade keine Lust zum Kuscheln hat. Olivia lernt auch von Willi, dass es am schönsten ist, wenn man sich nach einem Streit immer schnell wieder verträgt.

20 Wenn Willi nach Hause kommt, ruft Olivia immer laut: „Willi mein Willi!"

Birte Müller

2. Wichtige Wörter nutzen

> Wichtige Wörter helfen dir, den Inhalt eines Textes zu verstehen.
> Suche sie beim Lesen heraus. W-Fragen (Wer? Was? Wann? Wo? ...)
> können dir dabei helfen.

1 Lies den Text mehrmals durch.
Die Lupen kennzeichnen wichtige Wörter.
Es können einzelne oder mehrere Wörter sein.

Der Steinadler

Weil der Steinadler so majestätisch fliegt, wird er auch als „König der Lüfte"

bezeichnet. Obwohl die Vögel die Nähe des Menschen meiden und

einsame Gegenden mit Felsen lieben, ist der Steinadler vereinzelt

noch in Deutschland zu Hause. So brüten in den Höhenlagen

5 der Alpen in Bayern noch ungefähr 50 Steinadlerpaare. Der Steinadler

ist bei uns die zweitgrößte Adlerart.

Nur die Seeadler werden etwas größer. Wie alle anderen Adlerarten auch

besitzt der Steinadler einen kräftig gekrümmten Hakenschnabel.

Erwachsene Tiere haben ein dunkelbraunes Gefieder und

10 einen weiß-schwarzen Schwanz. Seine leuchtend gelben Krallen

sind messerscharf und helfen ihm bei der Jagd.

2 Jede Lupe weist auf eine wichtige Wortstelle in der Zeile hin. Schreibe sie heraus.

Heft 4 Seite 15 Aufgabe 1
1 Greifvogel,
2 scharfe …

Der Steinadler ist ein Greifvogel. 1
Seine scharfen Augen sind bei der Jagd aus der Luft sehr wichtig. 2
Mit ihrer Hilfe erspäht er die Beute noch aus großer Höhe.
Seine Nahrung besteht hauptsächlich aus kleineren Nagetieren, 3
wie Hasen, Murmeltieren oder Mäusen.
Da er sehr kräftig ist und mit seinen Krallen und seinem Schnabel 4
gut zupacken kann, erbeutet er aber auch größere Tiere, wie Füchse
oder Rehkitze. Adler greifen ihre Beute immer aus der Luft an.
In freier Wildbahn können Steinadler bis zu zwanzig Jahre alt 5
werden, in Gefangenschaft werden sie aber auch etwas älter.

3 Entscheide mithilfe der Bilder und Texte, ob die Aussagen richtig oder falsch sind.

Heft 4 Seite 15 Aufgabe 3
Richtig: …
Falsch: 1, …

1 Steinadler sind größer als Seeadler.

2 Steinadler jagen aus der Luft.

3 Die Vögel zählen zu den Greifvögeln.

4 Steinadler sieht man nur noch in freier Wildbahn.

5 Die Steinadler haben gelbe Augen und einen gekrümmten Schnabel.

6 Bei der Jagd helfen dem Steinadler die scharfen Krallen und Augen.

4 Stelle fünf Fragen an die beiden Texte. Schreibe sie mit Antwort in dein Heft. Die Fragewörter **wer**, **was**, **wie**, **wo**, **warum**, **wann** können dir helfen. Stelle die Fragen deinem Partnerkind und vergleiche die Antwort mit deiner Lösung.

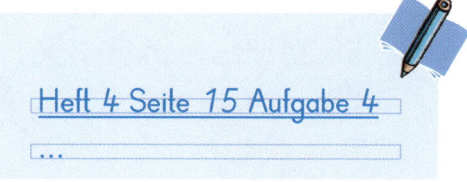

Heft 4 Seite 15 Aufgabe 4
…

2 Bilder und Überschriften nutzen

1 Schreibe zu den Bildern die passenden Bildunterschriften.

A

B

C

Heft 4 Seite 16 Aufgabe 1
A: ...

| Ein Schiedsrichter heute |

| Der erste Fußballverein |

| Fußball früher | | Der Torwart | | Das Fußballstadion | | Mitgliedsländer der FIFA |

2 Decke den Text ab. Lies nur die Überschrift. Vermute, wovon der Text wohl handelt. Lies dann den Text und überprüfe deine Vermutung.

Ein starker Verein aus Bayern

1 Egal, ob man sich für Fußball interessiert oder nicht, vom FC Bayern München hat sicher jeder schon mal etwas gehört. Schließlich ist diese Mannschaft der erfolgreichste Fußballverein Deutschlands.

2 Kein Wunder also, dass diese Mannschaft viele Fans hat. Es gibt 3635 Fanclubs. Aber nicht alle sind in Bayern oder Deutschland. Der FC Bayern ist so beliebt, dass sich Fanclubs auf der ganzen Welt gegründet haben, sogar in China, auf den Philippinen und im Iran.

3 Es gibt auch eine Frauenmannschaft des FC Bayern München. Hier trainieren nur Frauen und Mädchen. Die Mannschaft ist ebenfalls sehr erfolgreich und wurde 2012 deutscher Pokalsieger im Frauenfußball.

4 Natürlich braucht der FC Bayern auch immer wieder neue Spieler. Deshalb gibt es ein Juniorteam. Hier trainieren Kinder ab sieben Jahren. Wenn sie wirklich gut sind, haben sie die Chance, später auch mal für das Profiteam zu spielen und vielleicht so berühmt zu werden wie Bastian Schweinsteiger.

3 Finde Überschriften für die vier Absätze des Textes von **2**. Schreibe sie auf.

Heft 4 Seite 16 Aufgabe 3
Absatz 1: ...
...

4 Suche ein Partnerkind. Vergleicht eure Lösungen.

2. Das Verständnis eines Textes überprüfen

Nach dem Lesen kannst du auf verschiedenen Wegen überprüfen, ob du den Text verstanden hast:
Fertige eine Zeichnung an, gib den Text in eigenen Worten wieder oder schreibe Stichpunkte auf.

1 Lies den Text.

Die geheimnisvolle Schatzsuche

Tilo und du landen in der Piratenbucht. Zuerst macht ihr euer Boot gut fest, damit es nicht wegtreiben kann.
Ihr beginnt, euch auf der einsamen Insel umzusehen. Hier soll doch irgendwo ein Schatz versteckt sein! Ihr versucht, die Schatzkarte zu entziffern. Zuerst müsst ihr euch durch den Palmenwald zum Schildkrötensand kämpfen.
Hier liegt das Grab von Kapitän Grünbart. Gefunden? Vom Grab aus seht ihr einen kleinen Hügel. Erklimmt ihn bis zum Anker der Marie. Sucht dann die Quelle des silbernen Flusses und folgt dem Flusslauf bis hin zum silbernen See. Könnt ihr die Kanone am See schon erkennen?
Nun geht ihr immer am See entlang bis zur Höhle der verlorenen Seeräuber. Sucht einen Stern am Fels. Von hier sind es nur noch zwanzig Schritte.
Ich hoffe, ihr habt eine Schaufel dabei, denn nun wird gegraben!

2 Zeichne mit einem Partnerkind eine Schatzkarte zum Text.

3 Vergleicht eure Schatzkarten in der Gruppe:

a) Einer liest den Text, der andere zeigt den Weg auf der Karte.

b) Besprecht euch:
Sehen alle Karten gleich aus? Warum? Warum nicht?

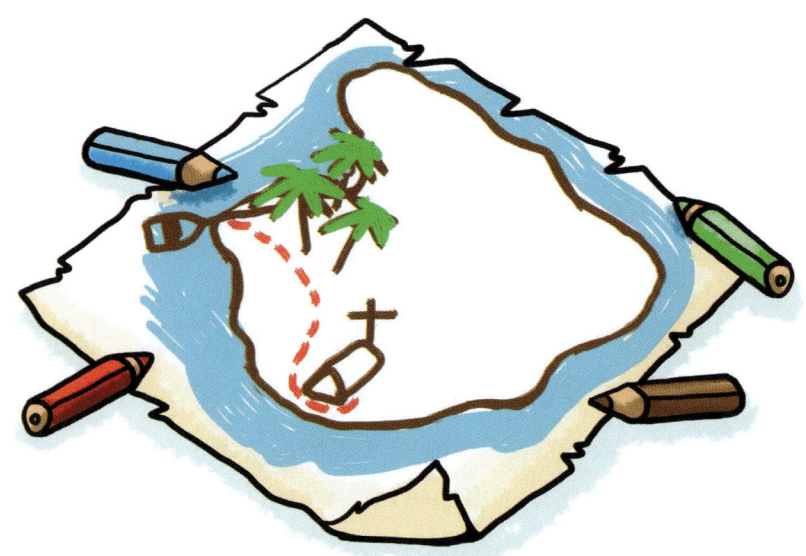

1 Auf den letzten Seiten hast du viele Tipps kennen gelernt,
die dir beim Verstehen eines Textes helfen.
Lies alle Tipps nochmals durch.

> • Gibt es ein Bild oder Bilder? Betrachte sie und überlege,
>   um was es in dem Text gehen könnte.
> • Lies die Überschrift und die Teilüberschriften.
>   Weißt du schon etwas über das Thema?
> • Lies den Text. Um was geht es vor allem? Kennzeichne wichtige Wörter.
>   In einem Buch kannst du hierfür kleine Papierkügelchen oder Steinchen
>   auf die wichtigen Wörter legen. Hast du ein Arbeitsblatt oder eine Kopie
>   vor dir, kannst du den Text bearbeiten: markiere die wichtigen Wörter
>   oder schreibe Stichpunkte an den Rand (Randnotizen).
> • Verstehst du bestimmte Wörter nicht?
>   Versuche sie aus dem Zusammenhang zu klären. Frage deine Mitschüler
>   und Mitschülerinnen oder hole dir bei Erwachsenen Hilfe.
> • Gib den Text mit eigenen Worten kurz wieder.
>   So kannst du überprüfen, ob du ihn wirklich verstanden hast.

2 Suche dir mindestens zwei weitere Kinder.
Lest den Text erst leise alleine.
Lest dann den Text einmal laut vor.

Eine großartige Erfindung: Der Buchdruck

Vor etwa 550 Jahren erfand Johannes Gutenberg
aus Mainz den Buchdruck. Damit konnte man
ganz viele Exemplare eines Buches in kurzer Zeit
herstellen.

5 **Vor dem Buchdruck**

Vorher hatte man Bücher einzeln von Hand
geschrieben und gemalt. Dafür waren vor allem
die Mönche in den Klöstern bekannt. Nur die
reichsten Menschen konnten sich Bücher leisten,
10 denn jedes Buch war ein einzigartiges Kunstwerk.

Die Erfindung

Johannes Gutenberg stellte für jeden Buchstaben
und jedes Zeichen eine Form aus Metall her.
Diese Formen wurden mit Farbe bestrichen und
15 mithilfe einer Druckerpresse auf Papier gepresst.
Wenn er einen neuen Text drucken wollte,
brauchte er nur die Buchstaben und Satzzeichen
neu anzuordnen.

Das erste Buch

20 Gutenbergs erstes Buch war die Bibel.
In zwei Jahren stellte er 180 Bibeln her.
Wenn man bedenkt, dass ein Mönch für
eine Bibel etwa drei Jahre brauchte,
war das eine riesige Menge! Bald entstanden
25 überall in Europa Druckereien. Bücher konnten
nun auch für wenig Geld gekauft werden.
Das Buch wurde so zu einem Massenmedium.

3 Lies die Fragen zum Text. Versuche mit den angegebenen Lesestrategien,
die Fragen mündlich zu beantworten:
– Wie wurden Bücher vor dem Buchdruck hergestellt?
– Wie funktionierte der Buchdruck?

4 Schreibe Stichworte zum Text auf einen Zettel. Versuche dann
mit anderen Kindern und mithilfe der Stichworte, den Inhalt des Textes
mit eigenen Worten wiederzugeben.

5 Begründet eure Meinung auf die Frage am Ende des Textes.

Mittlerweile gibt es Bücher nicht nur in gedruckter Form, sondern du liest sie auch
auf dem Computer oder Tablet. Manchmal kannst du in diesen elektronischen Büchern
auch Filme anklicken oder Spiele ausprobieren. Viele Menschen halten das für eine
tolle Idee. Manche finden es aber schöner, wenn sie ein Buch in den Händen halten
und die einzelnen Seiten durchblättern können. Was meinst du dazu?

1 Suche dir andere Kinder. Verteilt die Aufgaben:
- Ein Kind übt, den Text auf Seite 21 fehlerfrei vorzulesen.
- Dann liest es den Text den anderen Kindern dreimal vor.
- Die anderen Kinder versuchen, die folgenden Aufgaben schriftlich zum Text zu lösen:

Heft 4 Seite 20
Aufgabe 1
a) ...
b) ...

a) Aufgabe beim ersten Mal zuhören:
Gib dem Text eine Überschrift.

Lies langsam und deutlich. Mache nach den Absätzen kleine Pausen.

b) Aufgaben beim zweiten Mal zuhören:
- Wie nennt man einen Bericht im Radio?
- Wie nennt man die Leute, die diese Berichte machen?
- Welche Geräte braucht man?

c) Aufgabe beim dritten Mal hören:
Schreibe beim Hören Stichpunkte auf.
Versuche dann, mithilfe deiner Stichpunkte
den Text mit eigenen Worten wiederzugeben.
Die Fotos können dir helfen.

Wusstest du, dass es im Radio Sendungen extra für Kinder gibt?
Dort wird zum Beispiel darüber berichtet, wie Kinder in anderen
Ländern leben oder es werden verschiedene Hobbys vorgestellt.

Einen Bericht im Radio nennt man einen Beitrag.
5 Wie so ein Beitrag entsteht, erkläre ich euch jetzt:

Der Reporter überlegt sich ein Thema für einen Beitrag.
Dann besorgt er sich ein Aufnahmegerät und ein Mikrophon.
Beides bekommt er vom Radiosender. Mit dem Aufnahmegerät
kann der Reporter seine Gespräche aufnehmen. Er sammelt
10 auch manchmal interessante Geräusche, die zu seinem Beitrag passen.
Seine Aufnahmen überspielt der Reporter auf den Computer.
Jetzt schneidet er seinen Beitrag. Der Reporter kann zum Beispiel
Fehler beim Sprechen herausschneiden oder Geräusche hinzufügen.

Wenn der Beitrag fertig ist, kann er im Radio gesendet werden.

2 Überlegt gemeinsam: Was hat euch beim Hören geholfen?
– Wie muss der Leser vorlesen, damit du alles gut verstehst
(zum Beispiel: kleine Pausen machen, ...)
Schreibe deine Erkenntnisse auf.
– Besprecht: Wie genau musstet ihr zuhören,
bis ihr die einzelnen Aufgaben lösen konntet?
– Gab es Unterschiede bei den einzelnen Aufgaben?
Waren einige Aufgaben leichter als die anderen?

3 Überlege, welche Radiosendungen du kennst. Erzähle davon:
– Sind es Informationssendungen, Hörspiele, Vorlesegeschichten?
– Welche Themen kommen vor?
– Welche Themen findest du besonders spannend?
– Was magst du an dem Medium „Radio" besonders?
Oder gefällt es dir gar nicht?
Begründe.

2. Einen Text erschließen

1 Lies die Texte aufmerksam durch.

> Mit einem Ultraschallgerät kann ein Arzt innere
> Organe sichtbar machen. Das Ultraschallgerät sendet
> Schallwellen aus, die du mit den Ohren nicht hören
> und mit den Augen nicht sehen kannst. Diese Wellen
> gehen in den Körper hinein. Treffen sie auf ein Organ,
> zum Beispiel das Herz oder die Leber, dann werden
> diese Wellen wieder zurückgesandt. Sie ergeben
> das Bild auf dem Monitor.
>
> **1**

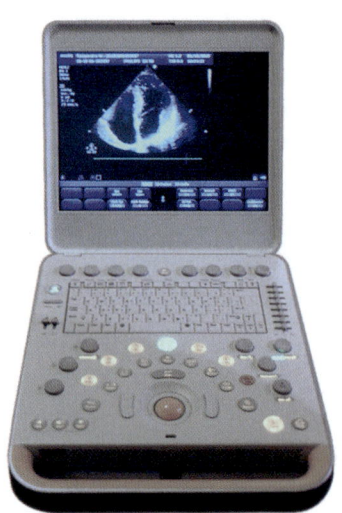

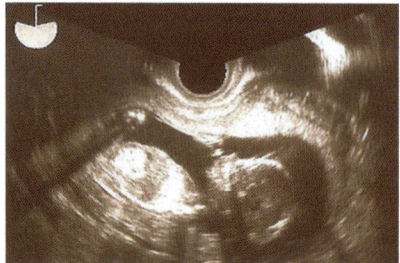

> Ultraschalluntersuchungen werden auch
> im Rahmen einer Schwangerschaft durchgeführt.
> Ultraschallbilder zeigen das ungeborene Baby
> im Mutterleib. Glücklicherweise ist das
> für das Kindlein im Bauch ganz ungefährlich.
>
> **2**

> Ultraschallwellen sind sehr, sehr hohe Töne, die nur
> ganz bestimmte Tiere hören können, beispielsweise
> Fledermäuse oder Delfine. Fledermäuse benutzen den
> Ultraschall, um zu jagen: Sie senden Ultraschallwellen
> über den Mund aus. Wenn der Schall auf etwas vor
> der Fledermaus trifft, wird er wieder zurückgeworfen.
> Dieses Signal fängt die Fledermaus mit den Ohren
> wieder auf. Sie kann dabei sogar unterscheiden, ob
> der Schall von einem Beutetier, einem Baum oder
> einer Häuserwand zurückgeworfen wurde.
>
> **3**

 2 Suche dir ein Partnerkind und schreibt zu den Aufgaben.

a) Findet für jeden Text eine geeignete Überschrift.

b) Schreibe Fragen zum Text auf. Stelle sie deinem Partnerkind.

c) Schreibe Stichpunkte zu einem der Texte auf.
Gib einem Partnerkind den Text in eigenen Worten wieder.

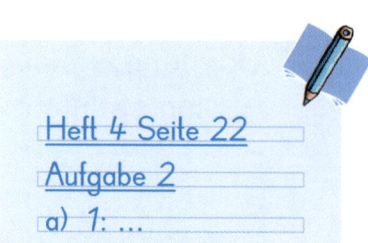

Heft 4 Seite 22
Aufgabe 2
a) 1: …

3 Eine Fantasiegeschichte lesen

1 Sieh dir nur das Bild an und lies die Überschrift des Textes unten. Schreibe auf, wovon der Text wohl handelt.

2 Vergleiche dein Ergebnis von **1** mit dem eines Partnerkindes.

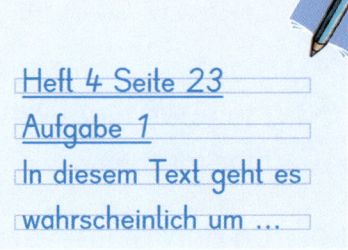

Heft 4 Seite 23
Aufgabe 1
In diesem Text geht es wahrscheinlich um …

3 Lies den Text und beantworte die Fragen. Schreibe die Antworten aus dem Text ab.

a) Wo befindet sich das Grasland?

b) Welche Arten Gras wachsen im Grasland?

c) Was stellen die Opodeldoks aus getrockneten Gräsern her?

d) Warum benötigen die Opodeldoks Kissen?

e) Welche Mahlzeiten kochen die Opodeldoks aus Gras?

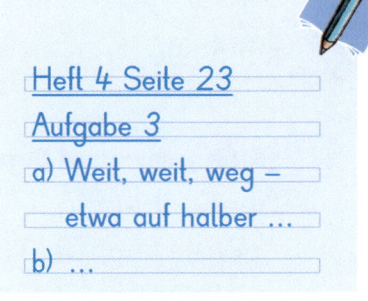

Heft 4 Seite 23
Aufgabe 3
a) Weit, weit, weg –
   etwa auf halber …
b) …

Wer ist wo und wie ist's dort?

Weit, weit weg – etwa auf halber Strecke zwischen Donnerstag und dem Nordpol – liegt das Grasland. Dort wohnen die Opodeldoks. Im Grasland wächst
5 viel Gras. Es gibt da Hafergras und Flattergras, Borstengras und Zittergras, Rispengras und Lispelgras und zweiundneunzig andere Grassorten. Aber es gibt wirklich nur Gras. Nicht einmal ein Busch wächst da, geschweige denn ein Baum. Gras ist wirklich das Wichtigste für die Opodeldoks. Es ist kaum zu glauben, was sie alles
10 daraus machen können! Sie flechten Teppiche und Decken aus Grashalmen und weben herrliche Stoffe aus getrockneten Gräsern. Ihre Kleider bestehen aus fein gesponnenen Grasfasern, und die vielen großen Kissen, die sie aus Graswolle stricken, werden natürlich mit duftendem Heu gefüllt. Die vielen Kissen brauchen sie für den Boden ihrer Schlafhöhle. Das Gras steht natürlich
15 auch auf dem Speisezettel der Opodeldoks. Aus zarten Grasspitzen machen sie zum Beispiel einen wohlschmeckenden Grassalat. Und aus gekochten Gräsern bereiten sie ein gutes Gemüse, das ein bisschen wie Spinat schmeckt. Aber noch lieber essen die Opodeldoks Hühnereier …

Paul Maar, Sepp Strubel

3. Ein Gedicht vortragen und vertonen

1 Lies das Gedicht leise durch.

2 Lies das Gedicht nun ausdrucksvoll vor, indem du

a) an den Stellen schneller und lauter liest, an denen das Gewitter tobt.

b) sinnvolle Pausen bei // machst.

 3 Suche dir zwei Partnerkinder. Überlegt euch:
- Wie klingt der Donner?
- Wie klingt der Regen?
- Findest du Gesten und Bewegungen, die zu dem Gedicht passen?

4 Suche dir mit deinen Partnerkindern passende Gegenstände (Töpfe, Gläser …) oder Instrumente, mit denen ihr das Gedicht vertonen könnt. Überlegt euch, wer welchen Teil des Gedichts spricht. Übt die passenden Geräusche und Bewegungen. Tragt das Gedicht gemeinsam vor.

5 Nach dem Vortrag: Holt euch Rückmeldungen von anderen Kindern.
- Habt ihr das Gewitter lebendig dargestellt?
- Habt ihr verständlich gesprochen? Waren auch die leisen Stellen zu verstehen?

6 Warst du mit deiner Leistung zufrieden? Begründe. Willst du das nächste Mal etwas besser machen?

Gewitter

Der Himmel ist blau

Der Himmel wird grau //

Wind fegt herbei

Vogelgeschrei //

Wolken fast schwarz

Lauf, weiße Katz! //

Blitz durch die Stille

Donnergebrülle //

Zwei Tropfen im Staub

Dann Prasseln auf Laub //

Regenwand

Verschwommenes Land //

Blitze tollen

Donner rollen

Es plitschert und platscht

Es trommelt und klatscht

Es rauscht und klopft

Es braust und klopft //

Eine Stunde lang

Herrlich bang //

Dann Donner schon fern

Kaum noch zu hör'n //

Regen ganz fein

Luft frisch und rein //

Himmel noch grau

Himmel bald blau!

Erwin Moser

3 Ein Märchen zusammenstellen

1 Suche dir ein Partnerkind.
Überlegt, was alle Märchen gemeinsam haben.

2 Stelle dir ein eigenes Märchen zusammen.
Lies es einem anderen Kind oder in der Klasse vor.

Es war einmal
- ein altes, braves Mütterlein.
- ein wunderschönes Müllerstöchterlein.
- ein fröhliches Hirtenknäblein.

   Obwohl es sehr arm war, lebte es zufrieden
   - mit seinen zwölf Ziegen in einem warmen Stall.
   - mit seinen drei Brüdern in einer kleinen Hütte nahe einem Schloss.
   - mit seinen Hühnern und Gänsen in einem alten Häuschen am Waldrand.

Eines schönen Tages, als es Brennholz sammelte, begegnete es einem
- buckligen Männlein mit weißem Bart.
- weißen Täubchen.
- alten Weiblein.

   Das reichte ihm
   - einen rostigen Schlüssel
   - eine goldene Münze
   - eine graue Feder

und sprach:
- „Nimm dies und lege es in dieser Nacht unter deine Schlafstätte."
- „Nimm dies und vergrabe es hinter deiner Hütte."
- „Nimm dies und schenke es dem Nächsten, den du auf deinem Wege triffst."

   Es tat wie ihm geheißen. Und als es am nächsten Morgen erwachte, erschien ihm ein wunderschöner Königssohn und sprach:
   - „Du hast mich erlöst. Nun hast du drei Wünsche frei."
   - „Du hast mich errettet. Ab heute sollst du in meinem Schlosse wohnen."
   - „Du hast mich nach 100 Jahren erlöst. Ich will dir mit Gold und Silber danken."

Und wenn sie nicht gestorben sind,
- so leben sie noch heute.
- leben sie glücklich und zufrieden bis an ihr Lebensende.

3 Merkmale von Märchen sammeln

> Märchen beginnen und enden ähnlich.
> Im Märchen spielen bestimmte Zahlen (3, 7, 12, …), Orte (Schloss, Wald, hinter den sieben Bergen, …) und wundersame Gegenstände (ein sprechender Spiegel, ein vergifteter Apfel, …) eine Rolle.
> Es gibt Fantasiefiguren (Hexe, Fee, Riese, Zwerg, …) und Menschen (Prinzessin, König, Stiefmutter, Bauer, …).

1 Tausche dich mit anderen Kindern aus.
– Welche Märchen sind hier „verarbeitet" worden?
– Erzählt euch eines der Märchen in eigenen Worten.

FRAU H. EXE

IM LEBKUCHENHAUS 2
12345 WALDESRUH

Es war einmal mitten im Winter, da saß eine Königin an einem Fenster, das einen Rahmen von schwarzem Ebenholz hatte und nähte. Da stach sie sich mit der Nadel in den Finger und es fielen drei Tropfen Blut in den weißen Schnee. Bald darauf bekam sie ein Töchterlein, das war so weiß wie Schnee, so rot wie Blut und so schwarzhaarig wie Ebenholz und darum wurde es … genannt.

Wir suchen eine große Wohnung für acht Personen.
Raum: hinter den Bergen
Zuschriften an: _____

1. Dorn-rös-chen war ein schö-nes Kind, schö-nes Kind, schö...

2

Märchen – Merkmale

Märchenfiguren	Zahlen	Sprüche	wichtige Orte	Zauber/ Magie
Zauberer Hexe ⋮	3 Wünsche der Wolf und die 7 Geißlein ⋮	Knusper, knusper, Knäuschen Ruckedigu ⋮	Wald Schloss ⋮	Zauberspiegel ⋮

3 Suche eine der folgenden Aufgaben aus und bearbeite sie:

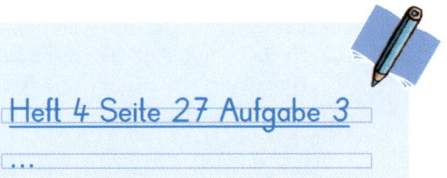

Heft 4 Seite 27 Aufgabe 3

…

a) Schreibe ein Gespräch mit einer Märchenfigur auf.

b) Male ein Bild oder ein Comic zu einem Märchen.

c) Suche dir zwei weitere Mitspieler. Spielt vor, wie sich drei Märchenfiguren treffen und über ihre Erlebnisse erzählen.

4 Beschreibe einem Partnerkind, welche Aufgabe du in **3** bearbeitet hast und wie du vorgegangen bist. Stelle dein Ergebnis vor. Hole dir eine Rückmeldung. Überlege, was du verbessern könntest.

5 Überarbeite dein Ergebnis von **3** mithilfe der Rückmeldung. Stelle dein Ergebnis in der Gruppe vor.

1 Suche dir ein Partnerkind. Überlegt gemeinsam:
- Wo habt ihr schon einmal ein Interview gelesen?
- Wer hat wen interviewt?
- Wie ist ein Interview aufgebaut?

2 Lies das Interview.
Beantworte die Fragen in ganzen Sätzen.

Heft 4 Seite 28 Aufgabe 2
a) Stephan Paspalaris ist ...
b) Als Chef ...
...

So ein Mist!

Spannende Berufe: Stephan Paspalaris ist Tierpfleger

Von Stefanie Köhler

Dieser Mann muss sich ziemlich viel Mist ansehen – denn Stephan Paspalaris ist der Chef vom Schaubauernhof der Wilhelma. Mit sechs Kollegen kümmert er sich um 110 Tiere wie Esel, Trampeltiere, Ziegen und Schafe. Viel Zeit zum Streicheln bleibt ihm nicht. Er benötigt viele Stunden, um die Ställe und Gehege zu reinigen und die Tiere zu füttern.

Herr Paspalaris, welche Aufgaben haben Sie als Tierpfleger?
Ich kümmere mich darum, dass neue Tiere auf den Bauernhof kommen und verkaufe andere. Außerdem muss ich die Ställe und Außengehege putzen, die Tiere reinigen, Hufe auskratzen, sie striegeln und füttern.

Die Putzarbeit klingt echt anstrengend.
Das ist sie auch. Ein Tierpfleger muss kräftig zupacken können und bei Wind und Wetter draußen arbeiten. Wir beginnen um 7 Uhr die Ställe auszumisten, die Tiere zu putzen und zu füttern. Das dauert drei Stunden.

Reicht es, die Ställe zu reinigen?
Den Kuhstall putzen wir mehrmals. Ein Mitarbeiter kümmert sich nur um die Kühe, weil sie so viel Arbeit machen. Auch die Ställe der Trampeltiere reinigen wir zweimal am Tag.

Wie oft bekommen die Tiere Futter?
Die meisten Tiere füttern wir nur morgens. Der Trog der Kühe ist dagegen immer gefüllt. Die Ponys und Esel bekommen abends nochmals was. Auch die Hirsche und Trampeltiere kriegen einen Betthupferl wie einen Apfel.

Bleibt Ihnen Zeit, die Tiere zu streicheln?
Wenig. Aber das ist nicht schlimm, weil die Besucher viele Tiere im Streichelzoo knuddeln. Wenn ich eine Kuh kraule, streckt sie den Hals in die Höhe. Die anderen Kühe, die das sehen, laufen dann aus dem Stall und sind ganz ungeduldig, bis sie endlich dran sind. Ein gutes Verhältnis zu den Tieren ist wichtig. Damit sie sich zum Beispiel beim Impfen nicht wehren.

Haben Sie Ihrer Arbeit auch mit gefährlichen Tieren zu tun?
Von den Wisenten, Hirschen, Wildschweinen oder Wildpferden halten wir uns fern, weil sie Wildtiere sind. Die Männchen sehen uns als Konkurrenz und könnten und angreifen. Außerdem sind die Wildpferde ziemlich schreckhaft.

Welche Tiere sind am frechsten?
Die Kühe stellen sich gerne auf den Wasserschlauch, wenn wir den Stall ausspritzen. Sie wissen, dass wir uns ärgern, wenn kein Wasser mehr fließt. Ich verstehe die Kühe aber. Sie tun den ganzen Tag nichts und langweilen sich.

Wie wird man eigentlich Tierpfleger?
Man macht eine Ausbildung, die drei Jahre dauert. Gut ist, wenn man schon einmal mit Tieren gearbeitet hat und einen guten Schulabschluss hat. In der Wilhelma lernt man dann alle 18 Bereiche kennen. In jedem verbringt man vier bis fünf Wochen.

a) Welchen Beruf hat Stephan Paspalaris?

b) Welche besondere Aufgabe hat er als Chef des Schaubauernhofs neben der Pflege der Tiere?

c) Wie oft müssen die Ställe der Trampeltiere gereinigt werden?

d) Wann bekommen die Kühe Futter?

e) Mit welchen gefährlichen Tieren hat er es bei seiner Arbeit zu tun?

f) Wie ärgern die Kühe gerne ihren Pfleger?

3 Eine Anleitung lesen und ausführen

1 Ordne die Abbildungen den richtigen
Textabschnitten zu.

Heft 4 Seite 29 Aufgabe 1
A – 2, ...

2 Bastle den Trinkbecher nach der Anleitung
und probiere ihn aus.

A Falte ein unbedrucktes Blatt Papier
so, dass die untere Kante
genau auf der Seitenkante liegt.

B Schneide dann den Papierstreifen oberhalb des
entstandenen Dreicks ab. Lege das Dreieck mit der offenen
Spitze nach oben. Falte die offene Spitze nach unten
bis zur Kante des Dreiecks und wieder nach oben.
So erhältst du eine Markierung.

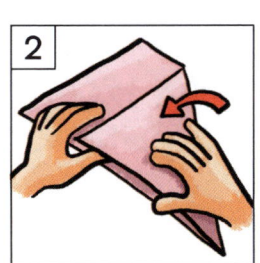

C Falte jetzt die linke Spitze zur rechten Kante der Markierung.
Falte danach die rechte Spitze zur linken Kante
der Markierung.

D Falte die beiden oberen Spitzen nach unten,
eine davon nach vorne, die andere
anschließend nach hinten.
Fertig ist der Becher.
Nun kannst du
Wasser hineinfüllen.

Mit einer Schnur und einer Holzperle wird aus dem Becher ein tolles Geschicklichkeits-spiel.

3. Über Lesen sprechen

 1 In dieser Lernportion hast du verschiedene Textsorten kennen gelernt. Überlege zusammen mit einem anderen Kind, welche Textsorten eher informieren, welche euch zu etwas anleiten und welche euch unterhalten sollen.

informierende Texte	unterhaltende Texte	anleitende Texte
•	• Bilderbuch	• Rezept
•	•	•
•	•	•

2 Sucht in eurer Schul- oder Klassenbücherei nach weiteren Textsorten. Ergänzt eure Stichwortzettel.

 3 Suche dir ein Thema aus, zu dem du fünf Kinder befragst. Sammelt in der Klasse eure Ergebnisse.

Heft 4 Seite 30 Aufgabe 3
Thema: …

> Kennst du ein Hörbuch? Wenn ja, welches?

> Wo ist dein Lieblingsleseplatz?

> Welche Bücher kennst du, zu denen es auch einen Film, ein Hörbuch oder einen Comic gibt?

> Welche Figur aus einem Film, Buch oder Comic wärst du gerne?

> …

> Zu welchem Thema hast du dich schon in einem Sachbuch ausführlich informiert?

4 Schreibe auf, welche Textsorte dir am besten gefällt: Liest du am liebsten unterhaltende, informierende oder anleitende Texte? Begründe deine Meinung.

 **5** Suche dir andere Kinder. Tauscht eure Meinungen aus.

3 Ein Gedicht auswendig lernen

1 Lies das Gedicht mehrmals genau durch.

Josef Guggenmos

Die Schnecke im Winter

Naht der Winter,
geh ich ins Haus,
mache die Türe zu,
Winter, bleib drauß.

Zu ist die Türe.
Komme, wer will:
Ich bin zu sprechen
erst im April.

2 Decke das Gedicht ab.

a) Lies das Gedicht im blauen Kasten. Ergänze die fehlenden Wörter.
Decke den blauen Kasten ab.

b) Lies das Gedicht im roten Kasten. Ergänze die fehlenden Wörter.
Decke den roten Kasten ab.

c) Lies das Gedicht im grünen Kasten. Ergänze die fehlenden Wörter.

d) Versuche, das Gedicht auswendig zu sprechen.

e) Suche dir selbst ein kurzes Gedicht.
Lerne es auswendig, indem du einzelne Wörter mit Geldmünzen abdeckst.

1 Schau dir die verschiedenen Texte an.
Ordne die Textarten zu.
Schreibe die Lösungsbuchstaben auf.
Von hinten gelesen ergibt sich ein Lösungswort.

Heft 4 Seite 32 Aufgabe 1
1 = N
2 = ...
...

1 Eintrittskarte	2 Werbeprospekt
3 Kassenzettel	4 Bastelanleitung
5 Postkarte	6 Zeitungsannonce
7 Kochrezept	8 Terminzettel

9 Fahrkarte

> Geschichten, Sachtexte und Gedichte sind verschiedene Textarten. Es gibt aber noch viele andere. Schau dich mal zu Hause um.

R **Pflanztöpfe basteln**

Du brauchst: 1,5 Liter große Kunststoff-Flasche, Schere, Lochstecher oder Handbohrer, wasserfeste Farbe, Erde, Samen oder Pflanzen...

...cke...
...chenteile...Flasche, so wie
...nander.
du magst.

...r schön gießen und da...
...bekommen alle grüne Haare.

etwas ein.

Kindergrafik

A Quedlinburg

T **Regensburg-Uninähe**, 2-Zi.-Whg., 61 m², EBK, Parkett, Balkon, WG-geeignet, 645,- € + NK
✉ unter Z 151617 an den Verlag

T Die Aussicht genießen ↑
KLAPPERBERG

Der Aussichtspunkt über den Dächern von Bornum am Elm

Kind unter 12 Jahre • Berg- und Talfahrt

GÜLTIG AM
14.04.2015

EUR 1,50

...utschen WAGNER

E **WANDERURLAUB –**
wo es grünt und blüht

Die schönsten Wanderziele in Unterfranken

Mit Kind und Kegel:
Wandern im Frühling für die ganze Familie

...auf Sie!

T BUCHHANDLUNG
Blätterberg
Druckerstraße 5 • 83035 Rosenheim
08031/171819
Steuer Nr.: 123/9156/4567

Willis Welt. Der nicht mehr ganz normale Wahnsinn 978-3-77-252608-4		19,90
Sinan und Felix 978-3-94-010616-2		14,95
Das ist kein Papagei! 978-3-44-620862-9		12,90
	EUR	47,75
SUMME:	EUR	50,00
BAR:	EUR	2,25
ZURÜCK:		

REZEPTKARTE
Nr. 7
• Schnelles aus der kalten Küche

E **Ihre nächsten Termine**

Bitte halten Sie die Termine ein oder sagen Sie spätestens 24 h zuvor ab! Wir sind sonst berechtigt, Ihnen 60 € Ausfall zu berechnen!

Tag	Datum	Uhrzeit
Mi	18.3.15	17:15

X Lachshäppchen mit Dill auf Salatbett

N 555444332221

TAGESKARTE
GRUPPE
Dieses Ticket gilt nur heute für bis zu 8 Personen

gültig am:
978-3-77-252608-4
17/05/2015

MUSEUMSGARTEN Oberallgäu
4237 0008 75321 309870003

4 Zeichen und Fahrkarten lesen

1 Schau dir die Bildzeichen genau an und schreibe zu dem englischen Begriff die deutsche Bedeutung.

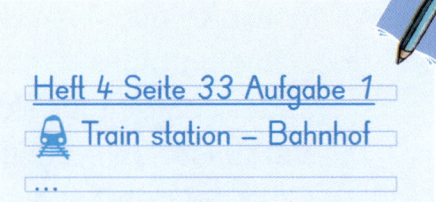
Heft 4 Seite 33 Aufgabe 1
🚂 Train station – Bahnhof
...

 Arrival

 Departure

 Visitor terrace

 Exchange

 Train station

 Passport control

Abflug
Ankunft
Besucherterrasse
Geldwechsel
Bahnhof
Passkontrolle

2 Betrachte das Bild.
Beantworte die Fragen.

a) Mit welchen Verkehrsmitteln könnte Anna zum Flughafen gekommen sein?

b) In welchem Terminal kann Annas Mutter Geld wechseln?

c) In welchem Terminal findet Anna die Toiletten?

Heft 4 Seite 33 Aufgabe 2
a) Auto, ...

3 Betrachte das Flugticket genau.
Schreibe nur die Sätze auf, die stimmen.

Heft 4 Seite 33 Aufgabe 3
...

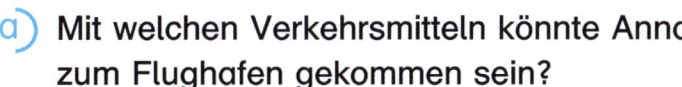
1 Das ist Annas Flugticket.

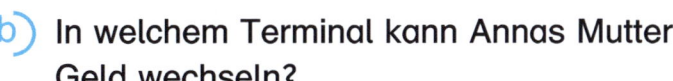
2 Sie ist in den Weihnachtsferien geflogen.

3 Sie hat ihre Oma in München besucht.

Flugschein / Flight Coupon

Name des Fluggastes
RECKMANN, ANNA

Reservierung/Reservation

von/from	Flug/Flight	Klasse/Class	nach/to	Datum/Date
MUC	AX 3040	BUSINESS	BTX	23.12.14

FLUGSTRECKE AX 3040 MÜNCHEN–BERLIN/TEGEL (BTX)

4 Einen Fahrplan lesen

1 Beantworte mit einem Partnerkind die Fragen mithilfe des Busfahrplans. Geht dabei so vor:
- Jeder schreibt für sich die Antwort für a) auf.
- Vergleicht eure Lösungen.
- Geht bei den Teilaufgaben b) – g) wie bei a) vor.
- Denkt euch für euer Partnerkind selbst Aufgaben aus.

Heft 4 Seite 34 Aufgabe 1
a) Busnummer ...

Fahrplan gültig ab 01.04.2015							
L 054	**Markplatz – Krankenhaus – Hauptbahnhof**						
	Montag–Samstag					Sonntag	
Marktplatz	7.25	10.42	12.25	17.05 †	20.42	8.04	13.33
Bergstraße	7.27	10.44	12.27	17.07 †	20.44	8.06	13.35
Martinskirche	7.30	10.47	12.30	17.10 †	20.47	8.09	13.38
Feuerwache	7.36 ○	10.53	12.36 ○	17.16 †	20.53	8.15 ○	13.44
Krankenhaus	7.40	10.57	12.40	17.20 †	20.57	8.19	13.48
Mörikestraße	7.42	10.59	12.42	17.22 †	20.59	8.21	13.50
Grundschule	7.45 ✳	11.02 ✳	12.45 ✳	17.25 †	21.02 ✳	8.24	13.53
Kaiserallee	7.51	11.08	12.51	17.31 †	21.08	8.30	13.59
Hauptbahnhof	7.56	11.13	12.56	17.36 †	21.13	8.35	14.04
	✳ Keine Haltestelle in den Schulferien						
	† Nicht an Feiertagen						
	○ Direktanschluss an den Schnellbus B 102						

a) Für welche Busnummer gilt der Fahrplan?

b) Wo fährt der Bus los?

c) Wie heißt die Endhaltestelle?

d) Wie viele Haltestellen sind es vom Marktplatz bis zur Endstation?

e) Überlege: Warum fährt der Bus am Sonntag nicht so häufig wie an anderen Tagen?

f) Wann und an welcher Haltestelle hat Ben einen Direktanschluss an den Schnellbus?

g) Bens Tante wohnt in der Kaiserallee. Ben möchte sie am Samstag besuchen. Er hat bis 13.00 Uhr Zeit. Wann könnte er am Marktplatz losfahren?

Ein Busfahrplan ist ja eine Tabelle!

4 Diagramme lesen

Diagramme sind Schaubilder. Sie stellen wichtige Informationen und Zahlen in Form eines Bildes dar. Es gibt:

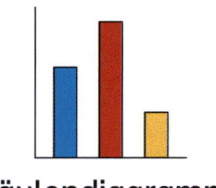

Säulendiagramme

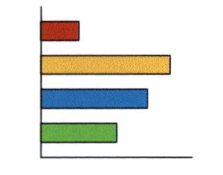

Balkendiagramme

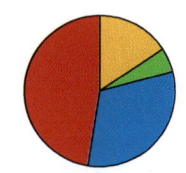

Kreisdiagramme

---

1 Die Klasse 3 der Rheinschule zählte einen Vormittag lang den Verkehr in der Schulstraße. Welche Aussagen passen zum Säulendiagramm?

Das Schaubild zeigt, …

1 … welche Fahrzeuge an der Schule vorbeifuhren.

2 … wie die Grundschüler an diesem Tag zur Schule kamen.

3 … wie viele Fahrzeuge an der Schule vorbeifuhren.

4 … dass Pkws am häufigsten vorbeifuhren.

5 … wie viele Leute zu Fuß vorbeigingen.

6 … dass nur sieben Busse vorbeifuhren.

Heft 4 Seite 35 Aufgabe 1
Das Schaubild zeigt,
1 welche …
…

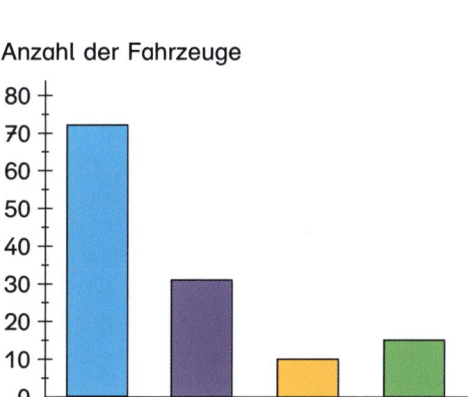

Anzahl der Fahrzeuge

---

2 Schreibe auf, welches Kreisdiagramm zum Säulendiagramm aus **1** passt. Begründe.

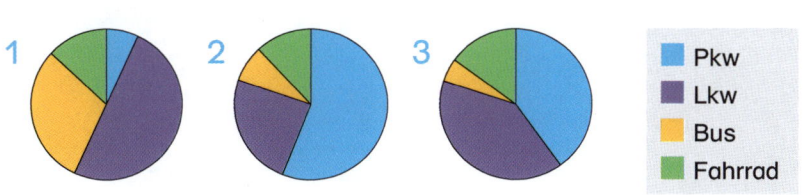

	Pkw
	Lkw
	Bus
	Fahrrad

Heft 4 Seite 35 Aufgabe 2
…

---

4 Einen Prospekt lesen

1 Lies den Text und schau dir den Prospekt an.

Familie Bichl aus Rosenheim plant eine Urlaubsreise an die Ostsee.
Sie wollen sich über Angebote und Preise informieren und haben sich
einen Prospekt des Feriendorfes „Ostseebrise" zuschicken lassen.
Nun schauen sie ihn sich genauer an.

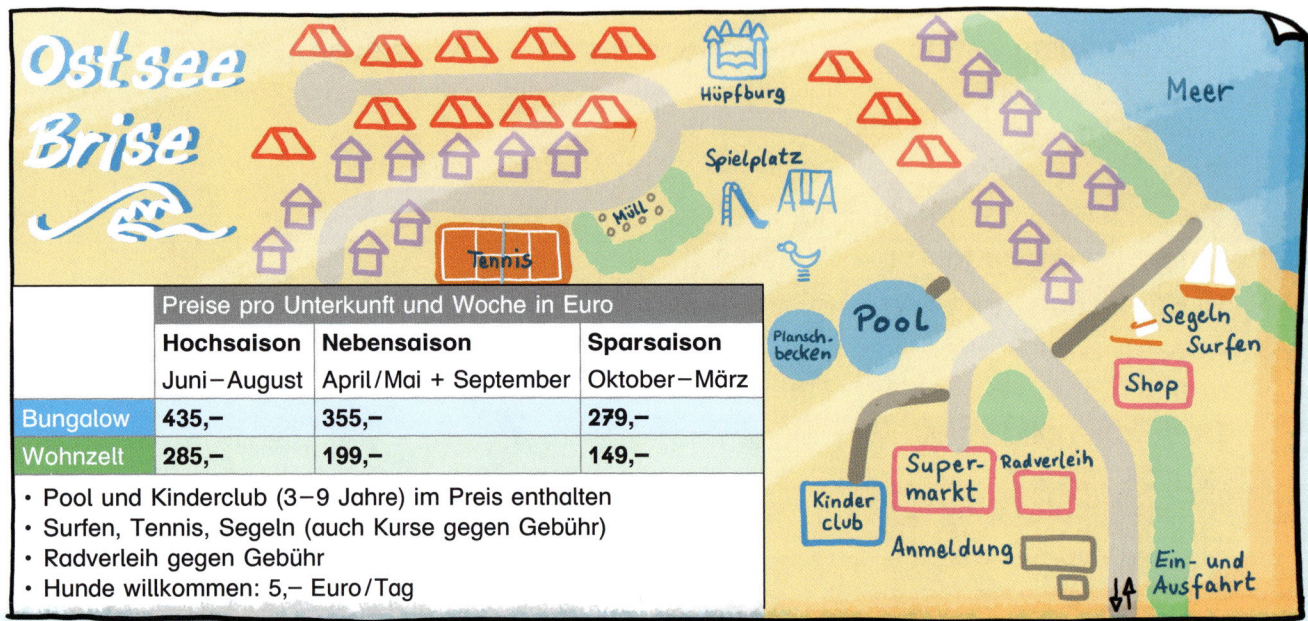

	Preise pro Unterkunft und Woche in Euro		
	Hochsaison	Nebensaison	Sparsaison
	Juni–August	April/Mai + September	Oktober–März
Bungalow	435,–	355,–	279,–
Wohnzelt	285,–	199,–	149,–

- Pool und Kinderclub (3–9 Jahre) im Preis enthalten
- Surfen, Tennis, Segeln (auch Kurse gegen Gebühr)
- Radverleih gegen Gebühr
- Hunde willkommen: 5,– Euro/Tag

2 Überlege gemeinsam mit einem anderen Kind, ob die Familie
auf ihre Fragen im Prospekt Antworten findet.

– Wie weit ist es von Rosenheim bis an die Ostsee?

– Reichen 800 € für die Unterkunft, wenn wir
  eine Woche im August und eine Woche im September
  buchen wollen?

– Sind im August noch Bungalows frei?

– Muss man die Anlage zum Einkaufen verlassen?

– Gibt es auch Freizeitangebote?

– Darf unser Hund mit?

3 Die Kinder haben ihre Wünsche für die Freizeitgestaltung zusammengestellt. Entscheide, welche Wünsche im Feriendorf „Ostseebrise" erfüllbar sind.

Heft 4 Seite 37 Aufgabe 3
Erfüllbar ist: ...

Tretboot fahren?

– Tretboot fahren
– Fahrradtour machen
– Minigolf spielen
– im Pool baden
– Kinderclub
– Tischtennisturnier
– Sandburg bauen

4

5 Überlege, ob dir in den letzten Tagen etwas schwergefallen ist. Hast du diese Aufgabe trotzdem bewältigt? Erzähle oder schreibe.

4 Das Vorgehen beim Lesen vergleichen

1 Fahrpläne, Prospekte und Diagramme enthalten Informationen.

a) Finde Beispiele für Pläne, Diagramme oder Tabellen.

b) Überlege dir, wie die Informationen jeweils dargestellt sind.

c) Stelle ein Beispiel einem anderen Kind vor.

d) Beschreibt euch gegenseitig in der Gruppe, wie ihr euch
in den einzelnen Darstellungsformen einen Überblick verschafft.
Vergleicht eure Vorgehensweisen.

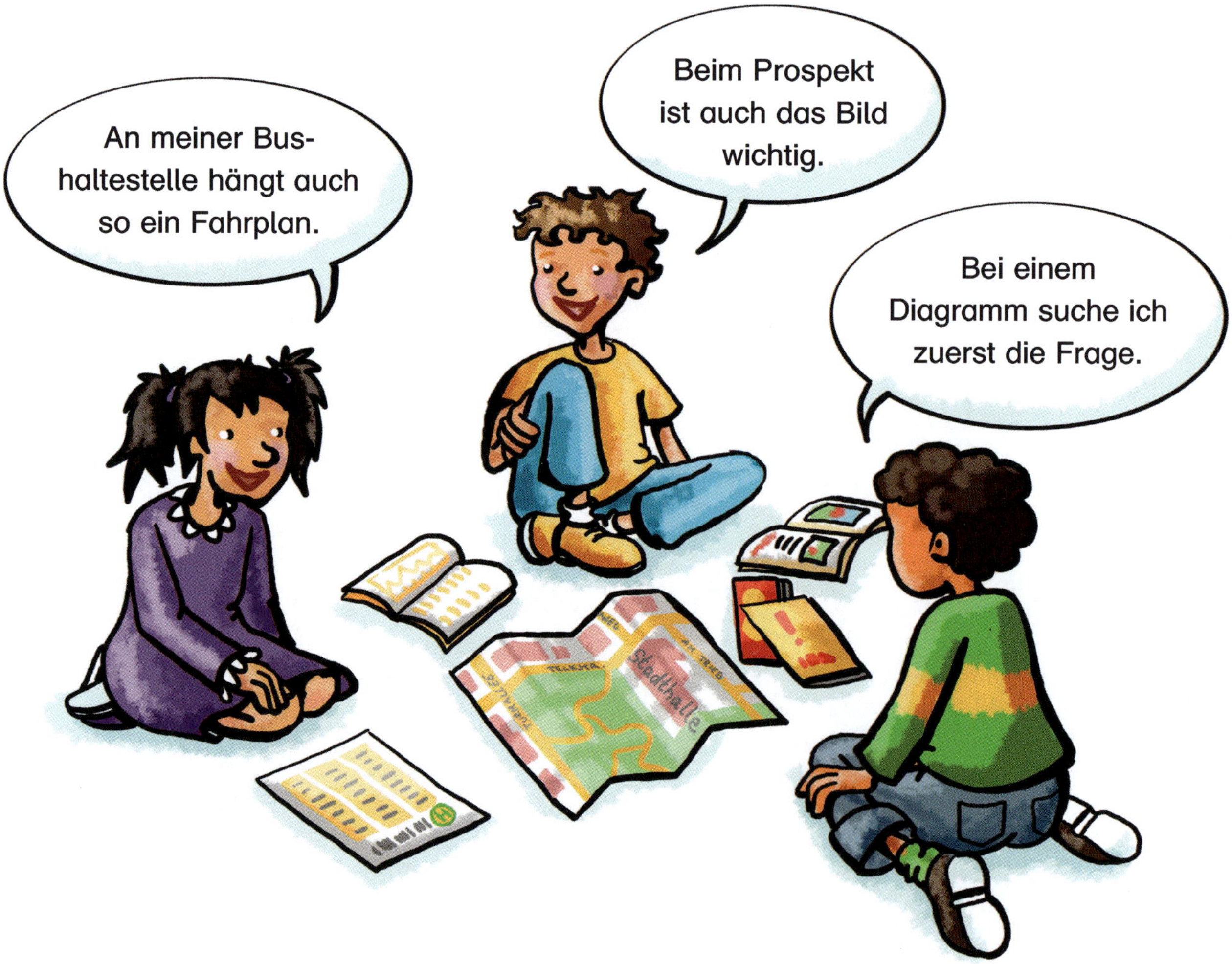

> An meiner Bus-haltestelle hängt auch so ein Fahrplan.

> Beim Prospekt ist auch das Bild wichtig.

> Bei einem Diagramm suche ich zuerst die Frage.

2 Schreibe auf.

a) Was hast du in dieser Lernportion gelernt?

b) Wo hattest du Schwierigkeiten?

4   Ein Diagramm entschlüsseln

1 Finde aufgrund der beschriebenen Ergebnisse heraus, was die einzelnen Balken A, B, C, D und E jeweils darstellen.

Heft 4 Seite 39 Aufgabe 1
A: ...
B: ...
...

Zur Auswahl standen:

- Ausflug zum Freizeitpark
- Wanderung
- Bootsfahrt

Umfrage zum nächsten Schulausflug

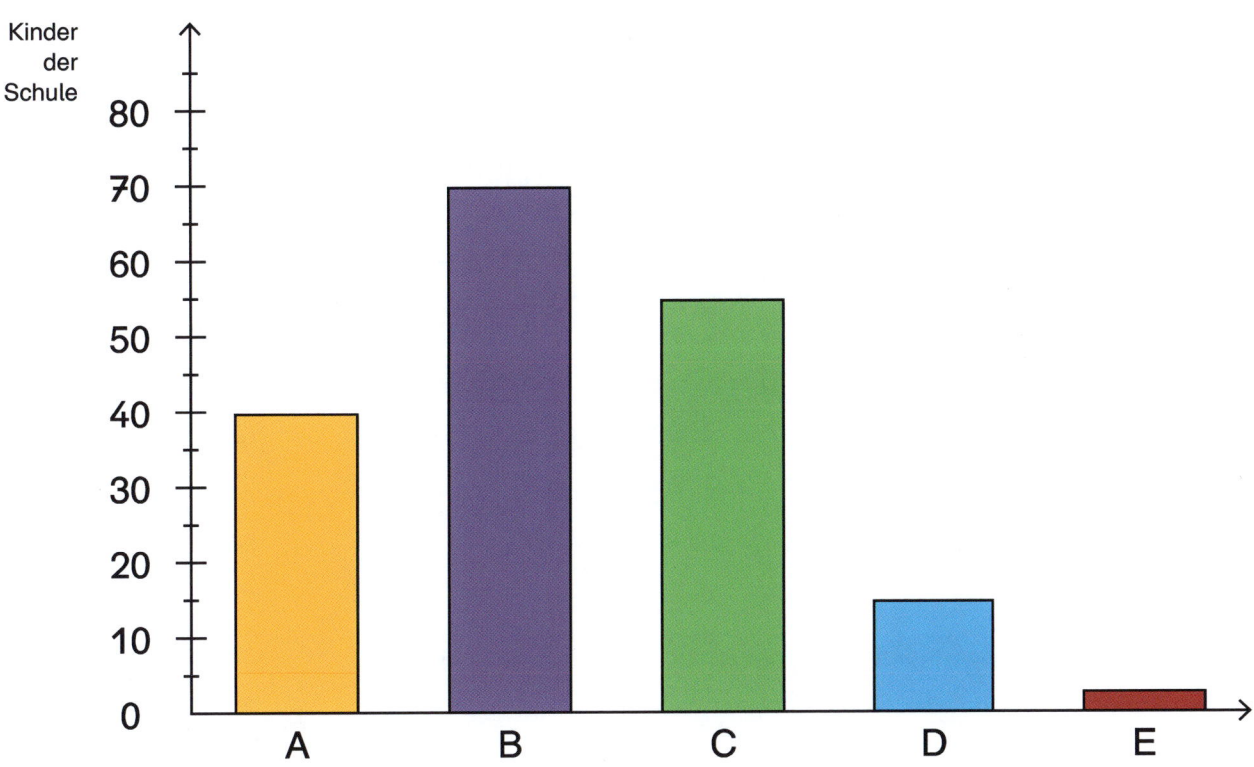

Das war das Ergebnis:

- In den Freizeitpark wollten die meisten Kinder.
- Für die Bootsfahrt stimmten 15 Kinder mehr als für die Wanderung.
- Nur zwei Kindern war das Ausflugsziel egal. Sie gaben einen leeren Stimmzettel ab.
- Der Rest der Kinder war krank.

Das ist ganz schön knifflig.

5. Einen Sachtext lesen und verstehen

1 Schau dir nur die Fotos an. Überlege, worum es in dem Text geht.

2 Lies nun den Text.

Die Heimat der Nilpferde ist Afrika. Sie leben in Gebieten mit Seen und langsam fließenden Flüssen. Erwachsene Tiere können von der Schnauze bis zum Schwanz mehr als vier Meter lang werden und bis zu 3 500 Kilogramm wiegen. Ihre graubraune Haut ist nur im Gesicht mit rosa Flecken gesprenkelt.

Am riesigen Kopf sitzen die Augen, Ohren und die Nase so weit oben, dass sie aus dem Wasser herausragen, auch wenn das Tier ganz untergetaucht ist. Die mächtigen Eckzähne im Unterkiefer werden oft bis zu 50 Zentimeter lang.

Erwachsene Nilpferde fressen bis zu 50 Kilogramm Grünzeug am Tag.

Weibliche Nilpferde bringen meistens nur ein Kalb im Jahr zur Welt, selten sind es zwei Jungtiere. Da die Dickwanste kaum natürliche Feinde haben, können sie in freier Wildbahn bis zu 40 Jahre alt werden.

3 Suche dir andere Kinder. Sprecht über den Text. Habt ihr alle Begriffe verstanden? Nutzt auch die Bilder zum Verständnis.

4

5. Informationen aus mehreren Texten nutzen

1 Lies die Texte.
Sie beschäftigen sich alle mit dem Thema „Energie".

> Durch Energiesparen kann jeder Einzelne zum Klimaschutz beitragen. Das geht ganz einfach: Verbrauche weniger Strom, indem du beispielsweise immer das Licht ausschaltest, wenn du einen Raum verlässt. Oder lasse ein kaputtes Gerät reparieren, anstatt dir ein neues zu kaufen. Für die Herstellung wird nämlich meist mehr Energie benötigt als für die Reparatur.
>
> **1**

> Fossile Brennstoffe wie Kohle, Erdöl oder Erdgas sind extrem alt. Entstanden sind sie vor vielen Millionen Jahren aus abgestorbenen Pflanzen oder Tieren. Wenn fossile Brennstoffe verbrannt werden, entsteht elektrische Energie. Aber es wird auch Kohlendioxid freigesetzt, das die Umwelt belastet. Heute wird zwei Drittel der weltweit benötigten Energie aus fossilen Brennstoffen gewonnen. Das Problem ist: Sie sind nur in begrenztem Maße vorhanden.
>
> **2**

> Am 11. März 2011 wurden durch ein schweres Erdbeben und einem Tsunami im Atomkraftwerk Fukushima in Japan hochgiftige Stoffe frei. Viele Menschen starben bei dem Unglück und bis heute kann in der verseuchten Gegend kein Mensch mehr wohnen. Das Unglück im fernen Japan hat auch die Deutschen zum Nachdenken gebracht. Statt Atomkraftwerken sollen lieber erneuerbare Energiequellen wie Sonne, Wind, Wasser und Erdwärme Strom liefern. Sie sind nicht nur ungefährlich, sondern stehen dem Menschen immer zu Verfügung.
>
> **3**

2 In welchen Beiträgen findest du Informationen über

a) Atomkraftwerke?

b) den Unterschied zwischen fossiler und erneuerbarer Energiegewinnung?

c) Tipps zum Energiesparen?

Heft 4 Seite 41 Aufgabe 2
a) im Text ...
b) ...

5. Informationen ordnen

1 Lest gemeinsam im Lesetandem den Text. Besprecht euch:

a) Was wisst ihr bereits über Dinosaurier?

b) Welche Fragen habt ihr zum Thema?

Dinosaurier faszinieren uns schon seit jeher. Woher kamen sie? Welche Tiere waren ihre Vorfahren? Warum sind sie ausgestorben? Es gibt viele Theorien, bewiesen ist jedoch keine von ihnen. Sicher ist allerdings, dass die Urechsen lange Zeit vor uns auf der Erde gelebt haben. Dabei gab es die verschiedensten Arten: Fleischfresser und Pflanzenfresser, kleine Saurier, riesige Saurier, fliegende Saurier … eines aber hatten alle gemeinsam: Sie lebten auf dem Land und liefen aufrecht auf zwei oder auch vier Beinen.

2 Schau dir mit einem Partnerkind die Zeitleiste an und lies die Texte.

Zeitalter der Dinosaurier

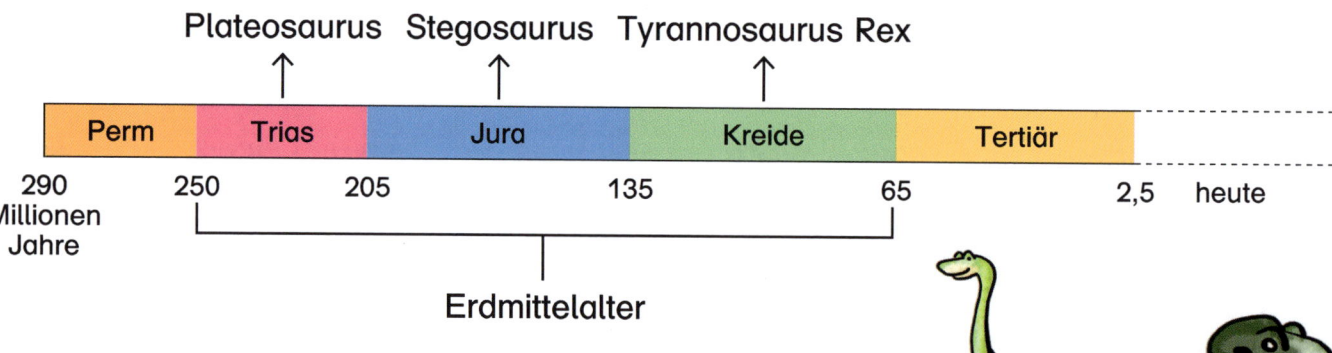

Der Plateosaurus erreichte mit seinem langen Hals auch die Blätter hoch in den Bäumen.

Der Pflanzenfresser Stegosaurus hatte Rückenplatten zum Schutz und zur Verteidigung.

Der Tyrannosaurus Rex war einer der größten Jäger unter den Dinosauriern. Er war reiner Fleischfresser.

Compsognathus war ein winziger Raubsaurier. Er wurde nur so groß wie ein Huhn. Als schneller Läufer war er ein sehr guter Jäger und erbeutete große Insekten, kleine Säugetiere und Reptilien.

Die Saurier legten wie die Reptilien und Vögel Eier. Um das Austrocknen zu verhindern, besaßen die Eier eine feste Schale. Die Baby-Saurier waren nach dem Schlüpfen teils Nesthocker, teils Nestflüchter. Nesthocker sind nach dem Schlüpfen noch sehr hilflos, sie bleiben im Nest und werden dort von ihren Eltern umhegt (Brutpflege). Nestflüchter dagegen sind nach dem Schlüpfen schon völlig selbstständig und können sich eigentlich sofort selbst versorgen – manchmal allerdings werden sie trotzdem von erwachsenen Tieren noch beschützt und umsorgt.

 3 Beantworte gemeinsam mit einem Partnerkind die Fragen.

> Heft 4 Seite 43 Aufgabe 3
>
> a) ...

a) In welchem Zeitalter lebten die Dinosaurier?

b) Vor wie viel Millionen Jahren gab es die ersten Dinosaurier?

c) Stimmt die Aussage: Der Plateosaurus war ein Pflanzenfresser? Begründet.

d) Stimmt die Aussage: Alle Baby-Saurier waren Nestflüchter? Begründet.

 4 Sammle und ordne mit einem Partnerkind die Informationen über die Dinosaurier mithilfe eines Clusters.

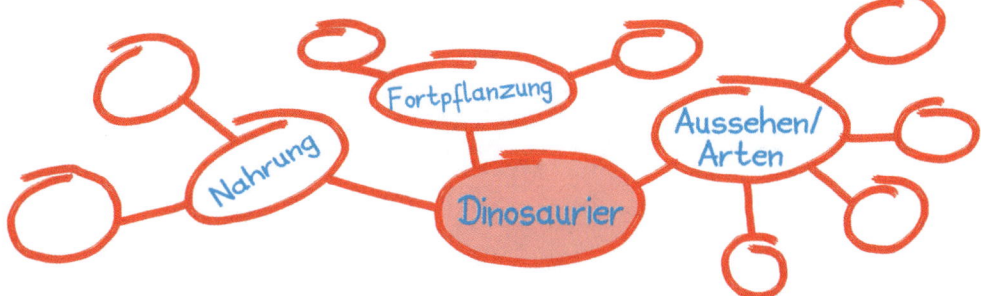

 5 Vergleicht eure Ergebnisse in der Gruppe. Sprecht darüber, wie ihr beim Erstellen des Clusters vorgegangen seid.

5. Eine Zeitleiste erstellen

1 Lies den Text über die Geschichte des Fahrrads.

Der Vorläufer unseres Fahrrades, wie wir es heute kennen und nutzen, wurde vor etwa 200 Jahren von Karl Drais erfunden. Seine vollständig hölzerne „Draisine" besaß ein Gestell, zwei Räder und einen Lenker, aber keine Pedale und keine Kette. Es war also so eine Art Laufrad für Erwachsene: Der Fahrer stieß sich mit den Füßen vom Boden ab.

Der Franzose Ernest Michaux entwickelte 1861 die „Michauline". Sie besaß eine Tretkurbel, die das Vorderrad in Schwung brachte. Die Holzreifen wurden mit hartem Eisen beschlagen, was der Michauline den Namen „Knochenschüttler" einbrachte.

1870 baute James Starley in England das Modell „Ariel". Es war leichter, aber auch stabiler als die Michauline gebaut. Felgen, Speichen und Rahmen waren aus Stahl, die Bereifung aus Vollgummi. Da das Vorderrad dem Fahrrad den Antrieb gab, war es riesig im Vergleich zum Hinterrad. Das machte das Hochrad nicht nur besonders schnell, sondern auch besonders gefährlich. Es kam zu vielen schweren Stürzen. Trotzdem wurde das Hochrad schon von vielen Menschen gekauft.

1884 setzte sich das „Sicherheitsrad" von James Starleys Neffen John Kemp Starley durch. Das Sicherheitsrad hatte mehrere Vorteile: Der verstellbare Sattel war zwischen zwei gleich großen Rädern befestigt, das Balancieren auf dem Vorderrad hatte also ein Ende. Der Antrieb lief nicht mehr über das Vorderrad, sondern wie heute mithilfe von Ketten über das Hinterrad. So war die Lenkung vom Antrieb getrennt, ebenfalls ein Sicherheitsfaktor. Mit dem Sicherheitsrad war das Zeitalter des Hochrades abgeschlossen und der Siegeszug unseres Fahrrades, wie wir es heute kennen, hatte begonnen.

5

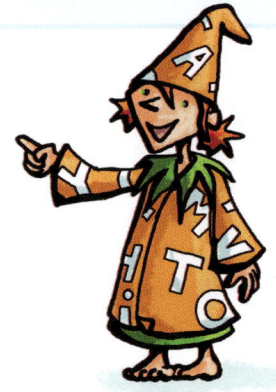

Bei Texten, die eine Entwicklung aufzeigen, ist die Reihenfolge der Ereignisse wichtig.

2 Lege mit einem Partnerkind eine Zeitleiste an, die die Entwicklung des Fahrrades darstellt.

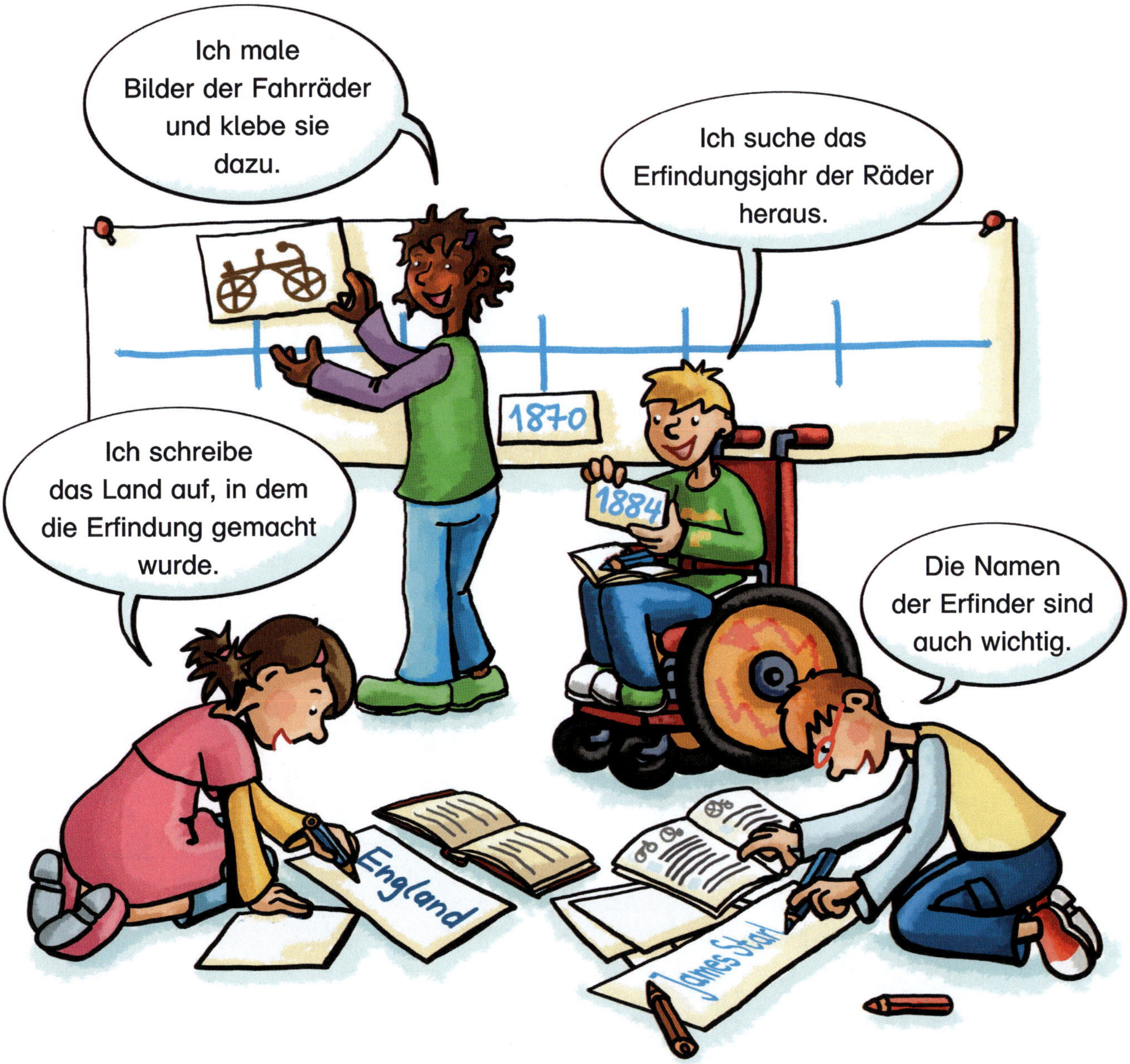
Ich male Bilder der Fahrräder und klebe sie dazu.
Ich suche das Erfindungsjahr der Räder heraus.
Ich schreibe das Land auf, in dem die Erfindung gemacht wurde.
Die Namen der Erfinder sind auch wichtig.
1870
1884
England
James Starl

3 Vergleicht eure Ergebnisse mit den Ergebnissen anderer Kinder. Besprecht euch in der Gruppe: Welche Informationen sind noch wichtig? Ergänzt die Zeitleiste damit.

5. Ein Wissensquiz erstellen

1 Lies den Text.

Ein kleiner Seelöwe erkundet die Welt

Seelöwenkinder lieben es, gemeinsam
in flachen Gewässern herumzutollen.
Dabei sind Seelöwen immer Einzelkinder.
Erst vor wenigen Wochen haben
die jungen Ohrenrobben das Licht der Welt erblickt und werden nun
von ihren Eltern beim Spielen beobachtet. Im Gegensatz zu den Seehunden,
die zu der Familie der Hundsrobben gehören, haben sich die Seelöwen
an ein Leben an Land angepasst. Mit ihren Vorder- und Hinterflossen
können sie sich auf allen Vieren fortbewegen.

Das Neugeborene wiegt gerade einmal fünf Kilogramm und wird von seinen
Eltern liebevoll beschützt. Dem bis zu 280 Kilogramm schweren Vater
kommt so schnell keiner zu nahe.

In den ersten drei Monaten werden die Kleinen mit reichhaltiger Milch gesäugt,
damit sie schnell zu Kräften kommen. Schon bald können sie mit anderen
Seelöwenjungen um die Wette schwimmen. Doch zuvor steht auch für sie
der erste Schwimmunterricht an der Seite der Großen auf dem Stundenplan.

 **2**

5. Eine Wissenssendung kennen lernen

1 Suche dir ein Partnerkind.
Überlegt gemeinsam, was eine Wissenssendung ist.
Erzählt, wo ihr schon einmal eine Wissenssendung gesehen oder gehört habt.

2 Lies den Text.

Wissen macht Ah! bezeichnet sich selbst als „Fernsehen für Klugscheißer".
Die beiden Moderatoren Shary und Ralph führen durch die Sendung,
in der in kleinen Filmen und mit Experimenten Wissenswertes
zu unterschiedlichen Themenbereichen erklärt wird.

Das Wissensmagazin dauert jeweils 25 Minuten und richtet sich an Kinder
ab etwa acht Jahren – es wird aber auch von Erwachsenen gerne gesehen.
Durchschnittlich werden jede Woche über 400 000 Zuschauer erreicht,
bei einzelnen Sendungen schalten bis zu 900 000 Zuschauer zu.

3 Überlege, welches Thema dich interessiert.
Du kannst auch ein eigenes Thema suchen.

Wissen macht Ah!
Das Fernsehen für Klugscheißer

Warum hilft Kratzen, wenn es juckt?
Ist Lachen wirklich ansteckend?
Warum platzen Würstchen?
Warum haben Schuhe eigentlich Absätze?
Warum werden Kartoffeln beim Kochen weich,
Eier aber hart?
Macht Singen glücklich?

4 Sammle Informationen zu deinem Thema.
Schreibe einen kurzen Text.

5 Stelle dein Ergebnis anderen Kindern vor.
Berichte, wie du die Informationen zu deinem Text gefunden hast.

6 Legt gemeinsam ein Wissensbuch für die Klasse an.

Ein Lesetagebuch belegt, dass du ein Buch gelesen hast. Die unterschiedlichen Arbeitsvorschläge (malen, schreiben, weiterdichten, sich etwas ausdenken) helfen dir, das Gelesene besser zu verstehen.

Du kannst:

- ein Titelblatt selbst malen
- die wichtigsten Informationen zum Buch und zum Autor aufschreiben
- ein Inhaltsverzeichnis anlegen
- zu jedem Kapitel ein Bild malen, ein Foto machen oder die wichtigsten Stichworte und Sätze aufschreiben
- einen Steckbrief verfassen
- einen Brief an die Hauptperson schreiben
- einen Zeitungsartikel schreiben
- eine Tagebuchseite für eine Hauptperson erfinden
- dir ein Interview mit einer Hauptperson ausdenken
- einen Teil als Comic zeichnen
- Landkarten, Lagepläne zeichnen
- Porträts von Personen malen
- und, und, und …

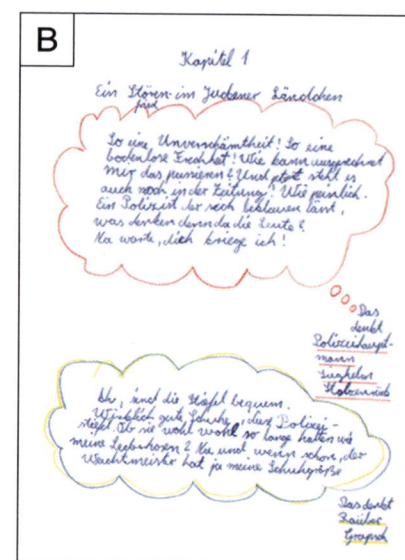

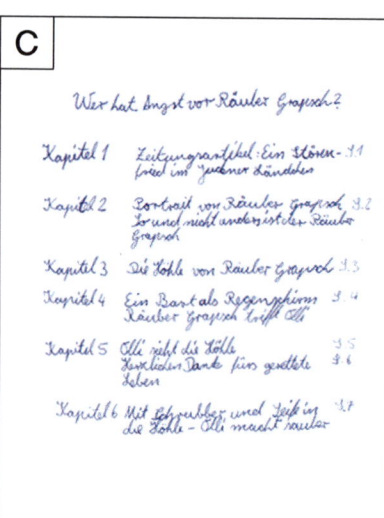

1 Schreibe auf, welche der Vorschläge auf den Abbildungen zu sehen sind.

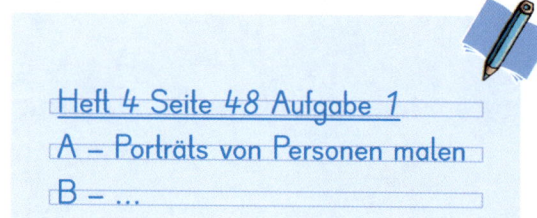

Heft 4 Seite 48 Aufgabe 1
A – Porträts von Personen malen
B – …

2 Wähle eine Anregung und bearbeite sie zu einem Buch, das du gerade liest.

6. Die Handlung nachvollziehen

1 Lies den Text.

Der Tag, an dem ich cool wurde

Martin und Karli wären gerne cool. So cool wie Lucas und seine „FabFive" (die fabelhaften Fünf).
Die wiederum finden Martin und Karli maximal uncool und machen ihnen das Leben ziemlich
schwer. Das geht zu weit, finden die beiden und schmieden einen Racheplan.

„Ich steckte fest. Ich steckte komplett fest. Ich bin eingezwängt in eine orange-
farbene Plastikrutsche in unserem Freibad und komme nicht vor und nicht zurück.
Es ist schon spät, mitten in der Nacht. Karli ist weg um Hilfe zu holen. Es graust mir
jetzt schon davor, dass gleich einige Leute auftauchen werden, die mich aus der
Plastikröhre ziehen und sich dabei schlapplachen werden. Bei meinem Pech kommt
wohl auch noch die Feuerwehr. Lucas' Vater ist bei der freiwilligen Feuerwehr. Damit
weiß es Lucas, mein Todfeind, spätestens morgen beim Frühstück. Spätestens nach
der ersten kleinen Pause lacht dann die ganze Klasse und nach der großen Pause
lachen sie alle, die ganze Schule. Und diese grauenvolle Vorstellung ist noch die
beste Variante von den Es-geht-in-die-Hose-Szenarien.
Das Allerschlimmste wäre, wenn die FabFive hier auftauchen würden. Die haben
nämlich heimlich geplant, heute um Mitternacht ins Freibad einzusteigen. Das ist
bei ein paar Leuten aus den oberen Klassen gerade der angesagte Sommerspaß.
Und weil die FabFive sich für die Coolsten unserer Klassenstufe halten, wollten sie
sich wie die Großen natürlich auch nachts im Becken herumfläzen. Blöd, wie sie
sind, haben sie sich aber belauschen lassen. Tja, und da war für Karli und mich klar,
dass das die Gelegenheit war, uns an den FabFive zu rächen."

Juma Kliebenstein

2 Beantworte die Fragen in ganzen Sätzen.

a) Warum schmieden Martin und Karli einen Racheplan?

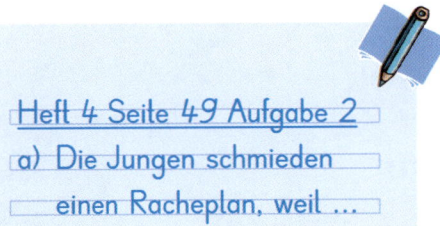

Heft 4 Seite 49 Aufgabe 2
a) Die Jungen schmieden
einen Racheplan, weil ...

b) Wovor hat Martin **am meisten** Angst,
als er in der Rutsche feststeckt?

c) Die FabFive halten sich für cool. Was denkt Martin über sie?

d) Wie findest du den Sommerspaß der oberen Klassen? Begründe.

e) Vermute: Wird der Racheplan gelingen? Begründe.

1 Lies die Detektivgeschichte.

Der Stickerdieb

Es ist Samstag – Einkaufstag in Tinos Familie. Als Tino mit seiner Mutter in den
Supermarkt geht, darf er ein Päckchen mit Aufklebern für sein Stickeralbum
„Unser blauer Planet" in den Warenkorb legen. Tino freut sich, denn momentan
ist er wie besessen von den Aufklebern. Und nicht nur er: Stickeralben zu befüllen

5 ist gerade die Lieblingsbeschäftigung der Kinder in seiner Schule.
Sofort reißt Tino das Tütchen auf und kann sein Glück kaum fassen: Zwei
der Sticker tragen die Nummer 187! Die Nummer 187 mit dem Tiefseetaucher hat
noch niemand in seiner Klasse und er besitzt sie jetzt gleich zweimal! Kaum zu
Hause angekommen, ruft Tino seine Freunde Leonardo und Julius an, die sofort

10 vorbeikommen, um den Fund zu bestaunen.
Sowohl Leonardo als auch Julius hätten die zweite Karte für ihr Leben gern.
Sie streiten bald darüber, wer der beste Freund von Tino ist. Und dann streiten sie,
wer die besseren Karten zum Tauschen besitzt. Tino aber kann sich einfach nicht
entscheiden, wem von beiden er die Karte geben soll.

15 Zum Glück schickt Tinos Mutter sie nach draußen zum Fußballspielen,
da ist das Stickerthema erst einmal vergessen. Als Tino aber kurz vor dem
Schlafengehen noch einmal seine Schätze bestaunen will, ist einer der Tiefsee-
taucher-Aufkleber verschwunden. Was bedeutet das? Hat einer seiner Freunde ihn
etwa bestohlen?

20 Gleich am Vormittag des nächsten Tages ruft Tino seine Freunde an. Er lädt sie ein,
mit ihren Sammelalben vorbeizukommen.

„Wer auf einmal den Tiefseetaucher in seinem Album kleben hat, ist auch der Dieb", überlegt Tino messerscharf.

25 „Kann man noch nicht mal am Sonntag seine Ruhe vor diesem Aufkleberwahnsinn haben?", brummt Tinos Mutter.

„Nein, kann man nicht!", sagt Tino. „Das ist wichtig!"

Aber als die Freunde bei ihm ankommen, ist die Überraschung groß:

30 Sowohl Leonardo als auch Julius sind plötzlich stolze Besitzer des Stickers 187! „Wie habt ihr die denn bekommen?", fragt Tino misstrauisch.

„Meine Mama war heute Morgen einkaufen. Ich habe gebettelt und gebeten und da hat sie mir ein Päckchen Aufkleber mitgebracht. Stell dir vor: Ich hatte Glück! Der Tiefseetaucher war dabei", sagt Leonardo und wird vor Freude ganz rot.

35 „Nachdem ich bei dir war, Tino, bin ich auch gleich zum Supermarkt gefahren. Gut, dass er noch offen war! Ich habe mir von meinem ganzen Taschengeld fünf Tütchen Aufkleber gekauft und auch endlich den Tiefseetaucher erwischt", erzählt Julius und reckt glücklich die Faust in die Höhe.

Tino überlegt eine Weile. Dann sagt er zu seinen Freunden: „Schön, dass wir jetzt

40 alle die Nummer 187 haben, da brauchen wir ja nicht mehr streiten."

Mit einem der beiden führt er aber bald darauf ein sehr ernstes Gespräch.
Der Dieb hat ein furchtbar schlechtes Gewissen. Er gibt alles zu und verspricht hoch und heilig, so etwas nie wieder zu tun. So sind die beiden dann auch weiterhin befreundet.

2 Fasse die Geschichte mithilfe von Stichpunkten zusammen.
Erzähle sie einem Partnerkind.

3 Überlege gemeinsam mit einem Partnerkind.

a) Welcher der beiden Freunde hat den Sticker entwendet?

b) Wie hat Tino ihn überführt?

c) Wie findest du Tinos Reaktion, als er den Stickerdieb entdeckt?

Kleiner Tipp:
Wer bekommt <u>wann</u> den Sticker 187?

6 Stilmittel in einer Geschichte erkennen

 1 Lest Text 1 im Lesetandem bis Zeile 16. Lest dann Text 1 ganz.
Lest auch Text 2.
Es ist zweimal die gleiche Geschichte, doch die Texte unterscheiden sich.

Text 1

Kapitän Fusselbart steht mit seinem ersten Offizier
bei Sonnenuntergang auf dem Deck seines Schiffes
und lässt seinen Blick über das schäumende Meer schweifen.
„Hier in der Gegend wurde ein Riesenkrake gesichtet.

5 Wussten Sie das?", fragt der Offizier ängstlich seinen Kapitän.
„Unsinn. Welches Seemannsgarn wurde da wieder gesponnen? Ihr …"
Doch bevor der Kapitän seinen Satz beenden kann, wird er
von einem riesigen Fangarm in die Luft gehoben. Fusselbart
wirbelt erst durch die Luft, tunkt dann kopfüber ins Meer

10 hinein und wird wieder in die Höhe gerissen, weit hinauf,
bis sein Schiff klein wie ein Spielzeug unter ihm liegt.
Schließlich hebt Fusselbart seinen Blick und schaut direkt
in die starren Augen inmitten eines riesigen Krakenkopfs.
„Weißt du eigentlich, in welcher Gefahr du schwebst?",

15 fragt der riesige Krake den Kapitän drohend.
Fusselbart lugt vorsichtig in die Tiefe und nickt dann langsam.
„Du musst aufpassen!", brüllt der Kraken den Kapitän an.
„Hier ist es gefährlich, denn es wimmelt in dieser Gegend
von … Delfinen!" Der Kapitän macht ein verdutztes Gesicht.

20 „Glaubst du mir etwa nicht?", fragt der Krake misstrauisch.
Er beginnt, Fusselbart so heftig zu schütteln, dass dessen Knochen
zu klappern beginnen. „Doch, natürlich, ich glaube dir!",
stöhnt Fusselbart. „Hier gibt es Delfine. Äußerst gefährlich!"
„So ist es." Zufrieden setzt der Kraken Fusselbart wieder

25 auf seinem Schiff ab. „Also dann, gute Weiterfahrt!", wünscht er.
„Und ist ein Delfin in Sicht, sofort untertauchen!"
„Sehr guter Rat!", bedankt sich Fusselbart.
Der Kraken winkt mit einem Fangarm und verschwindet
in den Wellen. Der erste Offizier und der Kapitän

30 schauen ihm noch lange nach. „Delfine und gefährlich", sagt Fusselbart
schließlich nachdenklich, „so ein Unsinn. Aber da sieht man es mal:
Selbst Riesenkraken glauben an Seemannsgarn."

Text 2

Kapitän Fusselbart steht mit seinem ersten Offizier auf dem Deck
seines Schiffes. Kapitän Fusselbart wird dann plötzlich von einem
Riesenkraken gegriffen. Kapitän Fusselbart bekommt dann erst
einmal Angst. Aber dann stellt sich heraus, dass der Kraken ihn
5 nur vor Delfinen warnen will. Nachdem der Kraken Fusselbart
gewarnt hat, kann der Kapitän dann weitersegeln.

 2 Suche dir andere Kinder. Besprich dich:
- Sucht die Stelle in beiden Texten, ab der es spannend wird.
- Welchen Text könntet ihr besser nachspielen oder malen? Warum?
- Findet Stellen in den Texten, in denen die Gefühle
  der handelnden Personen und Wesen deutlich werden.
- Sammelt Stichpunkte, was eine Geschichte „lebendig" macht.
- Gebt der Geschichte eine spannende Überschrift.

 3 Nimm dir mehrere Zettel.
Male zu der Geschichte kleine Bilder.
Schreibe zu den Bildern kurze Stichworte.
Bringe die Bilder in die richtige Reihenfolge
und erzähle dann mithilfe der Bilder und
Stichworte die Geschichte einem Partnerkind.

Die wichtigsten
Informationen hintereinander bilden
den „Roten Faden" einer Geschichte.
Tipp: Bei dieser Aufgabe hilft
dir Text 2.

6 Informationen zu einer Abenteuergeschichte finden

1 Lies den Text.

Das Königreich Avantia befindet sich in Gefahr. Der böse Magier Marvel hat die sechs uralten Biester von Avantia – den Feuerdrachen, das See-ungeheuer, den Bergriesen, den Pferdemann, das Schneemonster und den Flammenvogel – durch einen großen Zauber unter seine Herrschaft gezwungen. Die Biester wachten einstmals über das Königreich und beschützten es vor Gefahren. Aber nun haben sie sich gegen Avantia gewandt und richten in Marvels Auftrag schrecklichen Schaden an.

Die einzige Hoffnung Avantias ist es, die Biester von dem bösen Bann des Magiers zu befreien. Um zunächst den Drachen zu besiegen, muss jemand das Schloss am magischen Halsband mit einem großen, silbernen Schlüssel aufschließen. Doch nur Helden können ihn benutzen.

Die alten Schriften sagen voraus, dass ein Junge die Aufgabe übernehmen wird, das Königreich vor dem Untergang zu retten und die Biester, eines nach dem anderen, zu besiegen. Die Bewohner Avantias beten darum, dass dieser junge Mann ein tapferes Herz haben wird und den Mut besitzt, sich der gefährlichen Mission zu stellen.

2 Beantworte die Fragen in ganzen Sätzen.

a) Welche Biester bedrohen Avantia?

b) Welche Aufgaben hatten die Biester früher?

c) Warum erfüllen sie diese Aufgabe nicht mehr?

d) Wer kann Avantia retten und welche Eigenschaften muss er haben?

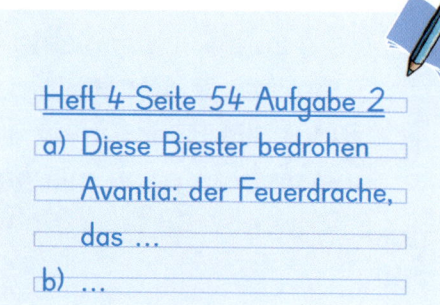

Heft 4 Seite 54 Aufgabe 2
a) Diese Biester bedrohen
   Avantia: der Feuerdrache,
   das …
b) …

3 Vergleiche deine Lösung mit der eines Partnerkindes.

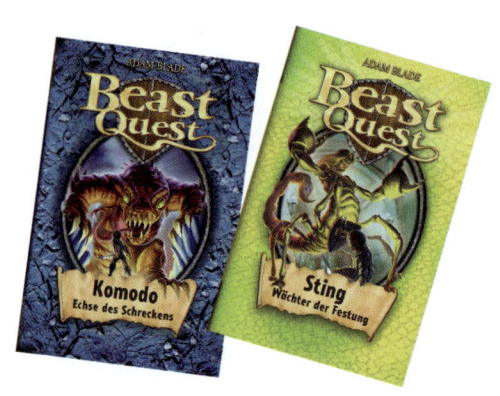

6 Informationen entnehmen und in ein Bild übertragen

  1 Suche dir ein Partnerkind und lest euch die Texte durch.

Das ist ein Olchi:

Ein Olchi hat Hörhörner.
Er hört Ameisen husten
und Regenwürmer rülpsen.

Olchi-Augen fallen gerne zu,
denn ein Olchi ist stinkefaul und
schläft für sein Leben gern,
egal, ob es Tag ist oder Nacht.

Die Knubbelnase riecht
gern Verschimmeltes
und faulig Stinkendes.

Olchi-Haare sind so hart,
dass man sie nicht mit einer
Schere schneiden kann,
sondern eine Feile braucht.

Olchi-Zähne
knacken alles,
Glas, Blech,
Plastik, Holz
oder Stein!

Olchis sind stark.
Einen Ziegelstein
können sie 232 Meter
weit werfen.

In Schlammpfützen
hüpfen die Olchis
gerne herum.

Erhard Dietl

 2

7 Sich in Figuren hineinversetzen

1 Lies den Text.

**Vom Streiten
und Dröhnen
und vom schönen
Sichversöhnen**

Ich kann
sieben Meter weit spucken!
Und du?
Ich siebzehn.
Mmm! Außerdem kann ich
neunzehn Erdbeerknödel essen.
Und ich dreißig.
Kannst du nicht!
Kann ich doch!
Angeber!
Selber Angeber!
Blödmann!
Schießbudenfigur!
Schreckschraube!
Spatzenhirn!
Du bist sowas von gemein!
Das gibt's überhaupt nicht!
Und du bist noch viel gemeiner!
Das gibt's noch viel weniger!
Krampfhenne!
Hornochs!

Rippenbiest!
Speckschwarte!
Mit dir rede ich nie wieder!
Nie wieder in meinem ganzen Leben.
Und ich will dich nie mehr sehen.
Bis in alle Ewigkeit nicht!
…
Und nach einer Ewigkeit,
sind wir dann wieder gut?
Vielleicht.
Und wenn ich dir ein Stück
Wassermelone schenke?
Ja, dann … dann bestimmt …
Dann können wir
um die Wette spucken.
Aber wir spucken gleich weit,
abgemacht?
Abgemacht!
Obwohl ich weiter
spucken kann
als du …
Das glaubst aber auch nur du!

Gerda Anger-Schmidt

 2 Suche dir ein Partnerkind.
– Der eine von euch liest den Text,
  der andere gibt den Verlauf des Dialogs
  mit passenden Symbolen des Stimmungsbarometers wieder.
  Tauscht dann die Rollen.
– Spielt oder lest den Text mit verteilten Rollen anderen Kindern vor.
– Holt euch Rückmeldungen.

7 Stimmungen zum Ausdruck bringen

1 Lies die Geschichte vom Zauberer Kotzmotz.

Der Zauberer Kotzmotz stand in seiner Zauberküche und stampfte mit dem Fuß auf.
Er war wütend, er war zornig, er war sozusagen essiggurkensauer.
Genau genommen hatte er eine riesige, kellerschwarze, stachelige Stinkwut.
Und deshalb schrie und stampfte und tobte er so, dass sein ganzes Haus wackelte.

5 „Sauschwartenschweinerei!", schrie er.

„Warzenschleim mit Senfsoße!", schrie er.

„Verpickelte Bananenpampe!", schrie er.

Und sein liebstes Schimpfwort brüllte er, so laut er konnte, und das war SEHR laut,
und er schrie es gleich dreimal hintereinander:

10 „Verstinkter Affenhintern in Pupssuppe!"

Und dann schmiss er sein Zauberbuch auf den Boden und trampelte so lange
darauf herum, bis er es zu Konfetti zerstampft hatte.

2 Lies den Text einem Partnerkind so vor, dass die Wut des Zauberers deutlich wird.

3 Lies weiter.

Und die Tiere im Wald liefen in ihre Verstecke und drückten sich eng aneinander.
Nur der kleine, immer zerzauste Hase mit dem Knick im Ohr

15 war ziemlich unbeeindruckt: … Er muss ziemlich verärgert sein,
dachte der kleine Hase, wenn er diese wütenden Wörter brüllt,
wo es doch so viele wunderschöne Wörter gibt.
„LIBELLENFLÜGELPERLMUTT", summte er.
„FROSCHBACKENPOSAUNENMUSIK", sang er.

20 „SAMTKÄTZCHENDUFTGESTREICHEL", erfand er.
Er hopste dabei im Kreis herum, bis er an die Tür des Zauberes stieß.
„Lauf weg! Lauf weg!", kreischte die Elster so schrill und heftig, dass der Hase eine
Gänsehaut bekam und sein letztes schönes Wort „MAMABAUCHKUSCHELWEI…!"
ihm im Halse stecken blieb.

Brigitte Werner

4

streichelweiche Hunde-Flauschfell-Kuschel-Zeit

lichtblaue Wolkensuppen-Traumhimmel-Freude

7 Eine Figur durch ihr Handeln verstehen lernen

 1 Lest den Text im Lesetandem.

Der kleine dicke Ritter

Vor sehr langer Zeit, als es noch böse, Feuer speiende Drachen gab, wohnte
ein Herzog mit all seinen Rittern in einem großen Schloss im Ostwesten.
Von hier aus bewachte er das Land, und wurde ihm gemeldet, dass irgendwo
ein Drache zu wüten anfing, schickte er sofort einen Ritter in die gefährdete
5 Gegend. Für gewöhnlich kehrte der nach wenigen Tagen ins Schloss zurück:
Die Schwanzspitze des erlegten Untiers trug er hoch an der Lanze.
So konnte der Herzog, der auf dem Schlossturm wachsam stand,
von weitem schon erkennen, dass sein Ritter den gefährlichen
Kampf siegreich bestanden hatte.

10 Auf diese Weise wurde die Zahl der Drachen von Tag zu Tag
kleiner. Hatte doch jeder der ritterlichen Drachenjäger
mindestens schon vier oder fünf Drachenschwanzspitzen als Trophäe
ins Haus gebracht.
Wenn wir „jeder" sagen, so stimmt das nicht genau. Einen Ritter müssen
15 wir nämlich ausnehmen, einen einzigen nur, und zwar den ehrenwerten
Sir Oblong-Fitz-Oblong, einen kleinen, nicht mehr ganz jungen und schon
etwas dicken Ritter.
Als er von seiner ersten Drachenjagd heimkehrte, wurde er vom Herzog
freudig begrüßt, weil es ihn noch gab, dafür aber wohl einen Drachen weniger.
20 „Und nun, mein Bester", rief der Herzog, „zeigen Sie uns die Trophäe.
Wo ist die Drachenschwanzspitze?"
„Ich habe keine", erwiderte Oblong.
„Keine Schwanzspitze?", staunte der Herzog. „Und warum nicht?"
Verlegen gestand der Ritter: „Ich habe den Drachen mitgebracht."
25 „Den ganzen Drachen?" Der Herzog blickte verblüfft
die übrigen Ritter an und die wiederholten ungläubig:
„Den ganzen Drachen?"
„Ja, Durchlaucht, den ganzen vollständigen Drachen",
versicherte Oblong.
30 „Hinten im Hof ist er, im Stall!"

Und dann erzählte er eifrig, er habe es nicht übers Herz gebracht, das hübsche
Tierchen zu töten; es handele sich nämlich um einen noch jungen Drachen,
kaum größer als er selber und rosa sei seine Hautfarbe oder, richtiger, Schuppen-
farbe.

35 Und Kunststücke habe er auch schon gelernt. Mit einer Apfelsine zum Beispiel.
Auf dem grünen Schlossrasen werde das rosafarbene Tier sicherlich
besonders hübsch wirken. Darum bitte er um Gnade für sich und Bonzo,
den zahmen Drachen.
„Ein Drache als Haustier?", fragte der Herzog ratlos.

40 Als man aber das rosafarbene Untier näher besah, unterstützten die Ritter
seine Bitte und so war der Herzog einverstanden, dass der Drache nicht nur
am Leben, sondern im Schloss bleiben durfte.

Robert Bolt

2 Suche die Stelle, wo etwas über das Aussehen
des Ritters Oblong gesagt wird. Male ihn.

3 Überlege dir mit einem Partnerkind,
welche Eigenschaften der Ritter Oblong besitzt.
Schreibt auf.

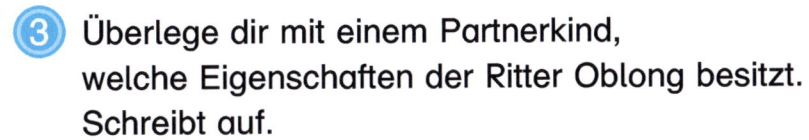

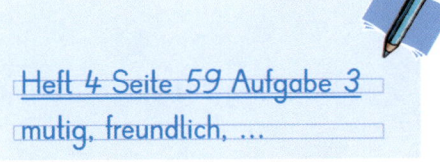

4 Vergleicht euer Ergebnis von **3** mit dem
von anderen Kindern.
Versucht mithilfe des Textes zu begründen, wie ihr
auf die einzelnen Eigenschaften gekommen seid.

5 Die Geschichte vom kleinen dicken Ritter gibt es
als Hörspiel, als Theaterstück und Fernsehfilm.
Besprecht in der Gruppe:
– Kennst du auch Bücher, die in ein anderes Medium übertragen wurden?
– Welches Medium gefällt dir am besten? Begründe.

7 Über eine Fabel nachdenken

> Eine Fabel ist eine kurze Geschichte, in der meist Tiere (manchmal auch Pflanzen) handeln oder sprechen. Die Figuren haben immer menschliche Eigenschaften (neidisch, hilfsbereit, feige ...).
> Eine Fabel hat immer eine Lehre. Sie will dem Leser also etwas erklären oder verdeutlichen. Die Lehre steht manchmal am Ende der Geschichte, manchmal versteckt sie sich im Text.
> Eine Fabel steht in der 1. Vergangenheit und enthält wörtliche Rede.

1 Lies den Text Abschnitt für Abschnitt und bearbeite die Aufgaben.

Der Hund und der Esel

An einem heißen Tag ging ein Bauer mit seinem Esel und dem Hund aufs Feld. Bald legte sich der Mann unter einen schattigen Baum und schlief ein. Der Esel begann sofort das schmackhafte frische Gras um ihn herum zu fressen.
„Hier wachsen zwar keine Disteln, die mein Mahl würzen könnten, aber für heute muss ich mein Fressen eben mal so ertragen", sagte er.

2 Überlege und schreibe in dein Heft.

a) Was dachte der Esel wohl beim Fressen?
- Oh, wie geht es mir gut!
- Na ja, besser als nichts.
- Immer das gleiche Fressen.

Heft 4 Seite 60 Aufgabe 2
a) Der Esel dachte: ...
b) ...

b) Welche Eigenschaften passen in dieser Situation zum Esel?
Der Esel ist zufrieden / bescheiden / verwöhnt / unzufrieden.

So geht es weiter:

Der arme Hund sah mit leerem Magen zu und sagte:
„Ach, Freund, wenn du dich bücken würdest, könnte ich mir mein Essen aus dem Korb auf deinem Rücken nehmen."

c) Erkläre mit eigenen Worten was damit gemeint ist:
„Der arme Hund sah mit leerem Magen zu"?

d) Überlege, wie der Esel auf die Bitte des Hundes reagieren könnte.

e) Vergleiche deine Ergebnisse mit denen eines Partnerkindes.

Doch das Langohr hatte keine Lust, sich beim Fressen stören zu lassen. Schließlich antwortete er: „Freund, warte, bis der Bauer aufwacht, der gibt dir dann, was dir gehört."

Kaum hatte er das gesagt, stürzte aus dem Wald ein Wolf, den auch der Hunger plagte. „Zu Hilfe!", rief der Esel ängstlich. Der Hund aber blieb regungslos und sagte nur: „Freund, warte, bis der Bauer aufwacht, der hilft dir dann."

Kaum hatte er das ausgesprochen, hatte der Wolf den Esel schon erreicht und fest am Hals gepackt.

nach Jean de la Fontaine

3 Besprich dich mit anderen Kindern.

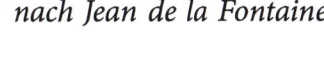

| Esel: „Freund, warte, bis der Bauer aufwacht, der gibt dir dann, was dir gehört." | Hund: „Freund, warte, bis der Bauer aufwacht, der hilft dir dann." |

a) Esel und Hund bezeichnen sich in der Geschichte als „Freunde". Was sagt ihr dazu?

b) Warum antwortet der Hund dem Esel mit fast den gleichen Worten?

c) Warum hat der Hund dem Esel nicht geholfen?

d) Was könnte die Lehre der Fabel sein? Beende den Satz.
„Wenn du nicht hilfst, erwarte auch nicht, dass …

Gedanken zu einem Hörbuch entwickeln

  1 Lest den Text im Lesetandem.

Die Königin der Farben

Eines Tages trat Malwida, die Königin, vor ihr Schlosstor.
Sie rief ihre Untertanen. Das Blau kam. Es war sanft
und mild. Es begrüßte Malwida freundlich und erfüllte
den Himmel, erfüllte die Königin und verschwand.

5 Dann rief Malwida das Rot. Es warf sie fast um.
Doch sie befahl ihm, ein Pferd zu sein
und so durchritten sie das Königreich.
Das Rot war wild und tat gefährliche Dinge.
Malwida fühlte sich auch wild und gefährlich.

10 Irgendwann hatte sie genug und befal dem Rot,
zu verschwinden. Es blieb ein bisschen rosa,
aber nicht lange, denn dann kam das Gelb.
„Bleib", sagte sie, „du bist so schön warm und hell."
Aber das Gelb war nicht nur warm und hell, sondern konnte auch zickig

15 und gemein sein. Doch das konnte Malwida auch, und so kam es zum Streit.
Das sanfte Blau wollte schlichten, aber es konnte sich nicht durchsetzen.
Dann kam noch neugierig das Rot dazu und alles wurde grau.
Und grauer. Und grauer. Da musste Malwida weinen.
Es quollen Mengen von Tränen hervor, und je mehr sie weinte,

20 umso mehr verschwand das Grau. Stattdessen
waren überall ihre Tränen. Und da waren sie wieder:
Das sanfte Blau, das wilde Rot,
das warme und manchmal gemeine Gelb.
Sie spielten zusammen … bis sie müde wurden.

25 Dann deckte das sanfte Blau alles zu.

Jutta Bauer

2 Überlege gemeinsam mit einem Partnerkind.

a) Wie werden die Farben in der Geschichte beschrieben?
Welche Eigenschaften haben sie? Ordnet zu.

b) Was fällt euch selbst zu den Farben blau, rot und gelb ein?
Schreibt auf oder malt ein Bild.

c) Stellt das Ergebnis in einem Cluster dar.

3 Erstelle gemeinsam mit anderen Kindern eine Hörgeschichte zum Märchen
und spielt sie den anderen vor.

Eine andere Perspektive einnehmen

1 Lies die Geschichte.

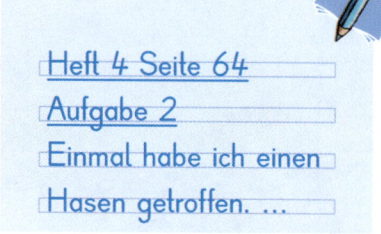

Hasen pfeifen nicht

Es gibt Freundschaften und Freundschaften.

Ein Hase sagte einmal: „Ich muss ein Murmeltier kennen lernen.
Vielleicht kann es mir das Pfeifen beibringen. Ich hätte manchmal gerne gepfiffen."

Überall fragte er in den Bergen herum: „Weiß jemand, wo man Bekanntschaft
mit einem Murmeltier machen kann? Wohin soll man sich da wenden?"

Alle sagten: „Da musst du wirklich großes Glück haben. Ein Murmeltier will
nämlich keine Bekanntschaft machen. Denn Murmeltiere sind ausgesprochene
Einzelgänger."

„Wir doch auch", sagte der Hase. Er suchte so lange nach einem Murmeltier,
bis er endlich im Sommer eines fand.

Zuerst war das Murmeltier sehr vorsichtig, weil Murmeltiere niemandem trauen.
Aber eines Tages sagte es sich: „Ich bringe ihm das Pfeifen bei. Er wird es sowieso
nie lernen."

Der Hase war sehr begabt. Aber mit dem Pfeifen ging es bei ihm wirklich nicht.

„Du", sagte er zum Murmeltier, „ich bin so traurig. Aber mit dem Pfeifen wird es
bei mir nicht gehen. Es wäre so schön, wenn ich, obwohl ich ein Hase bin, hin und
wieder einen Pfiff hervorbringen könnte."

Er weinte ein bisschen, und das Murmeltier sagte: „Es muss doch nicht jeder
pfeifen können."

Der Hase war von seinem Wunsch so besessen, dass er auf einen Kohlkopf schrieb:
„Wer bringt mir das Pfeifen bei? Biete gute Belohnung."

Aber weil er sehr vergesslich war, hat er den Kohlkopf noch am selben Tag gefressen.

Er wollte immer wieder mal ein Murmeltier ansprechen.

Aber so was gelingt nur einmal.

Ludvik Askenazy

2 Schreibe die Geschichte aus Sicht des Murmeltieres auf.
Überlege, was es zu denken und zu fühlen gibt.

3 Lies deine Geschichte vor.
Hole dir Rückmeldung bei einem Partnerkind
oder bilde eine Schreibkonferenz.

Heft 4 Seite 64
Aufgabe 2
Einmal habe ich einen
Hasen getroffen. …

8 Sich in einer Bücherei orientieren

1 Suche dir ein Partnerkind. Betrachtet das Bild einer Bücherei.
Überlegt, welche Büchereien ihr kennt. Sind sie ähnlich aufgebaut?

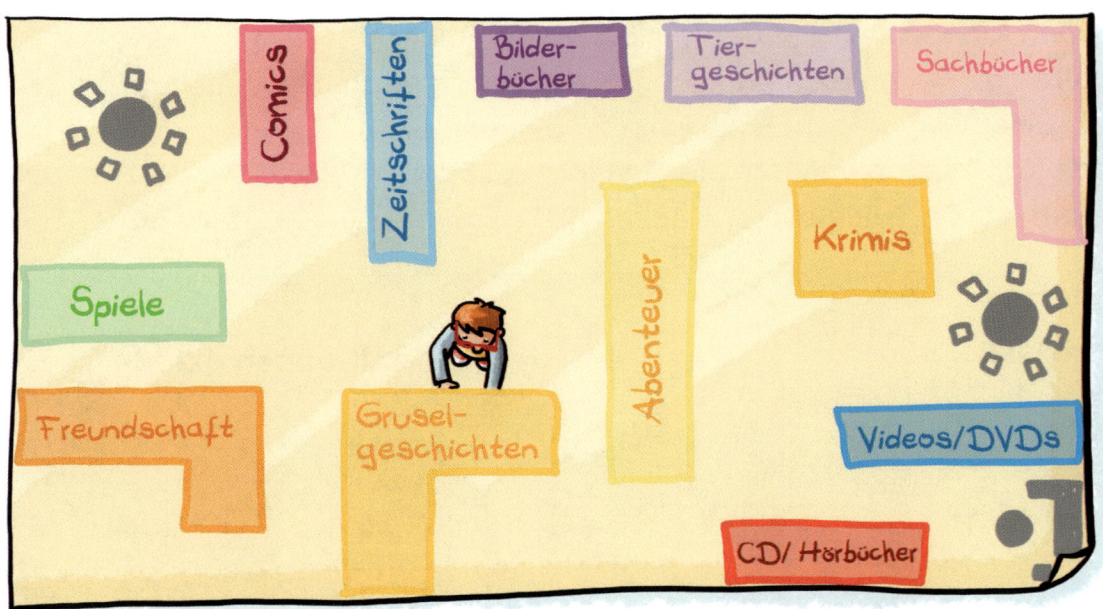

2 Überlegt euch die Antworten:
- Wie sind in der abgebildeten Bücherei die Bücher
  und Medien (Zeitschriften, DVDs, CDs, ...) geordnet?
- Wohin würdet ihr folgende Bücher und Medien ordnen?

| Kommissar Kugelblitz | Lieterspaß im Kindergarten |

| HalliGalli | Planeten und Raumfahrt | Ice Age |

| Keine Angst vor Schlossgespenstern | Der kleine Nick und seine Freunde |

3 Sortiere die Gespensterbücher richtig
in den Themenbereich **Gruselgeschichten** ein.

Heft 4 Seite 65 Aufgabe 3
Boehme, Flacke, ...

Gru-Walbecker
Gru-Mai
Gru-Skibbe
Gru-Morpugo
Gru-Funke

Gru-Boehme
Gru-Flacke

Diese Beschriftung
nennt man Signatur!

→ AH Seite 71 Lernportion 8: Kinderbücher kennen lernen

8. Sich über ein Kinderbuch informieren

So kannst du dich schnell über ein Buch informieren:
1. Betrachte den Titel und das Titelbild.
2. Lies den Klappentext auf der Rückseite des Buches.
3. Blättere das Buch durch und schaue dir die Bilder an. Sie helfen dir, einen Eindruck von der Geschichte zu bekommen.
4. Suche Kapitelüberschriften, die dich interessieren.
5. Lies die ersten Zeilen dieser Kapitel.

Titelseite

Autorin — Kirsten Boie

Titel — Seeräuber-Moses

Verlag — Oetinger

Klappentext

Der Inhalt

Es ist eine wilde, stürmische Gewitternacht, als Moses zu den Seeräubern kommt: In einer hölzernen Waschbalje schaukelt das winzige Baby auf dem tosenden Meer. Käpt'n Klaas und seine Männer werden Moses beste Freunde und Ersatzeltern. Da wird Moses eines Tages von Käpt'n Klaas' größtem Widersacher, Olle Holzbein, gekidnappt. Olle verlangt als Lösegeld die Schatzkarte für den Blutroten Blutrubin des Verderbens. Und er scheint auch etwas über Moses' wahre Herkunft zu wissen. Mit Dohlenhannes, dem neuen Freund, gelingt Moses die Flucht von Olle Holzbeins Schiff. Aber ob sie vor den Seeräubern dem Blutroten Blutrubin auf die Spur kommen und dabei auch noch Moses wirkliche Eltern finden?

3. Kapitel,
in dem die Seeräuber ein Findelkind finden
und es auf den Namen Moses taufen

„Beim Klabautermann! Da liegt ein kleiner Säugling in der Balje[1], Käptn Klaas! Olle Holzbein hat uns das Kind untergeschoben!"

„Ein Balg[2]! Was sollen wir denn mit Olle Holzbein seinem Balg anfangen?" „Ins Wasser schmeißen, Käptn", sagte Haken-Fiete.

> 1 Balje:
> Waschwanne
> 2 Balg:
> unfreundliches
> Wort für Kind

 ① Suche dir ein Buch oder Hörbuch in der Klassenbücherei oder der Bücherei deines Ortes aus, das dich interessiert. Zeige es anderen Kindern. Begründe, warum du dieses Buch oder Hörbuch gewählt hast.

So stellst du ein Buch vor:

1. Beginne mit den **wichtigen Informationen:** Autor und Titel.
2. Begründe, **warum** du das Buch vorstellen möchtest.
3. Sage anschließend, wer die **Hauptpersonen** sind und erzähle etwas über die **Handlung.** Dabei hilft dir der Klappentext.
4. Lies aus deinem Buch vor: das kann der Anfang, eine besonders spannende, eine lustige oder traurige Stelle sein. Erkläre vorher, warum du diese Stelle ausgesucht hast.
5. Beantworte am Schluss die Fragen deiner Mitschüler.

1 Gestalte mithilfe der Tipps oben einen Vortrag zu deinem Lieblingsbuch.

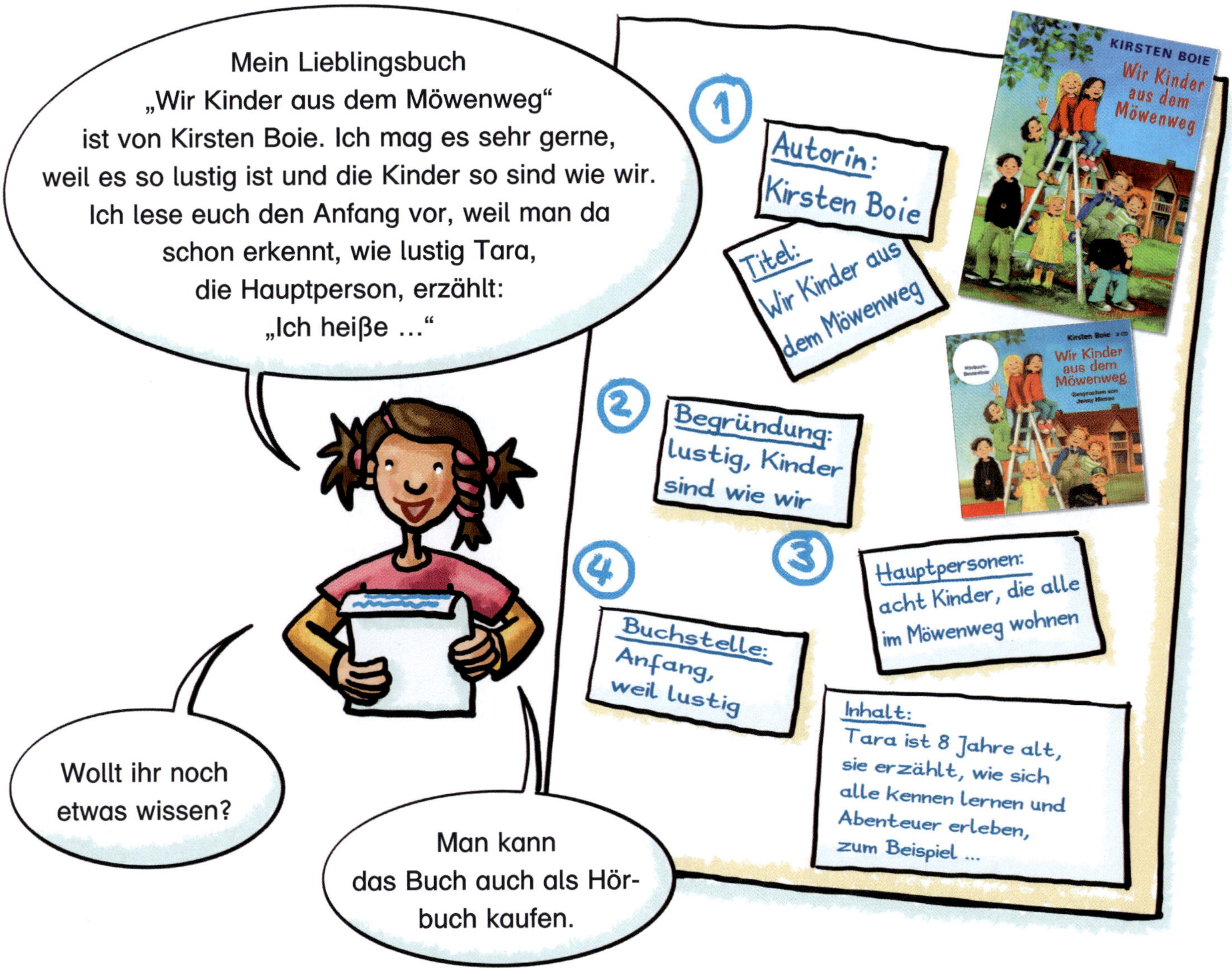

> Mein Lieblingsbuch „Wir Kinder aus dem Möwenweg" ist von Kirsten Boie. Ich mag es sehr gerne, weil es so lustig ist und die Kinder so sind wie wir. Ich lese euch den Anfang vor, weil man da schon erkennt, wie lustig Tara, die Hauptperson, erzählt: „Ich heiße …"

> Wollt ihr noch etwas wissen?

> Man kann das Buch auch als Hörbuch kaufen.

1
Autorin: Kirsten Boie

Titel: Wir Kinder aus dem Möwenweg

2 Begründung: lustig, Kinder sind wie wir

3 Hauptpersonen: acht Kinder, die alle im Möwenweg wohnen

4 Buchstelle: Anfang, weil lustig

Inhalt: Tara ist 8 Jahre alt, sie erzählt, wie sich alle kennen lernen und Abenteuer erleben, zum Beispiel …

1 Lies die Klappentexte und ordne sie den Büchern zu.
Die Lösungsbuchstaben ergeben den Namen
eines bekannten deutschen Kinderbuchautors.
Schreibe in dein Heft.

Heft 4 Seite 68 Aufgabe 1
1 = P
2 = …

Eines Tages bringt das Postschiff ein
geheimnisvolles Paket nach Lummerland.
Und das versetzt die Bewohner der kleinen
Insel ganz schön in Aufregung. Denn darin
steckt: Jim Knopf! Dies sind die lustigen
und spannenden Abenteuer von Jim Knopf
und Lukas dem Lokomotivführer mit
Scheinriesen, Halbdrachen und vielen
anderen außergewöhnlichen Wesen.

A

Als eines Morgens ein riesiges graues Pferd
auf der Terrasse steht, traut Hermann seinen
Augen kaum. Das Pferd heißt Milchmann
und seine gewaltigen Lippen zittern, als
wolle es gleich losheulen. Das ist schon un-
gewöhnlich genug, aber noch seltsamer ist,
dass auch bei den anderen Kindern Pferde
auftauchen. Das kann kein Zufall sein,
denkt Hermann, und ist sich ganz sicher:
die Pferde sind in Gefahr!

M

Endlich ist es soweit: Eric darf mit seinem
afrikanischen Papa nach Ghana fliegen
und seine Oma besuchen. Seinen besten
Freund Flo nimmt er mit. In Ghana ist vieles
anders als daheim in Bremen. Hier ist es
nämlich Flo, der zwischen all den schwarzen
Kindern auffällt. Eric und Flo erleben aufregende Tage in dieser anderen Welt, wo es
Krokodile gibt, wo ein Gewitter noch ein
richtiges Unwetter ist und wo Aba lebt, die
Schlangenbeschwörerin werden möchte.

A

Neue Nachbarn in Marlenes Haus!
Manuel, Marlenes neuer Nachbar,
ist Fünftklässler und Räuberhauptmann
einer ganzen Bande. Das trifft sich gut,
schließlich ist Marlene selbst Räuber-
hauptfrau. Es gibt allerdings zwei Probleme:
Das erste heißt Killer und ist Manuels Katze –
nicht unbedingt der ideale Spielgefährte
für Marlenes Ratte. Das zweite Problem
ist Manuel selbst: Er spielt grundsätzlich
nicht mit Mädchen! Doch so schnell
gibt Marlene nicht auf.

A

| 1 | 2 | 3 | 4 |

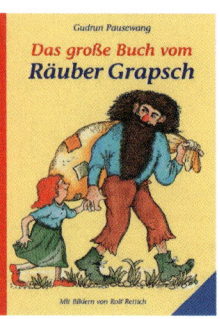
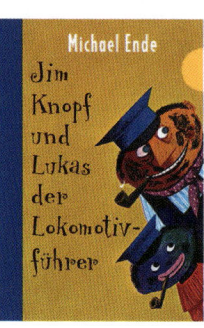

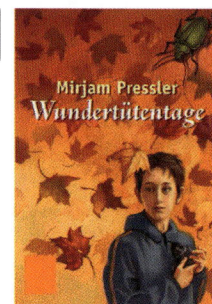

| 5 |  | 6 |  | 7 |  | 8 |  |

Auf ins Leseabenteuer!
Mit Ritterglück und Drachenmut.
Leibeigen geboren, leibeigen gestorben, leibeigen ein Leben lang – ja, so heißt es wohl! Aber ist es nicht schrecklich ungerecht, dass alle Bauern ihrem Ritter gehören und kein bisschen sich selbst? Das findet jedenfalls der Bauernjunge Trenk. Er will es einmal besser haben als sein Vater, der schon wieder auf der Burg Schläge bekommen soll. Und so bricht Trenk mit seinem Ferkelchen am Strick auf in die Stadt, um dort sein Glück zu machen …

R

Samis Welt gerät ins Wanken, als seine Eltern an den Stadtrand ziehen und er sich an eine neue Schule gewöhnen muss. Du schaffst das, sagen alle. Schön wär's, denkt Sami. Eines Tages lernt er Nicki kennen und erzählt ihr von seiner wunderbaren Käfersammlung. Nicki zeigt ihm die Katze Minka mit ihren drei Babys, die sie in einem Schuppen versteckt hält, damit sie am Leben bleiben. Samis Tage sind nun wie Wundertütentage – man weiß nie, was in ihnen steckt.

L

Als der Waisenjunge Assad mit seinem Onkel Saadi, dem Diamantenhändler, auf Handelsreise geht, wird das Schiff auf hoher See gekapert. Assad gerät in die Fänge des Piratenkapitäns Turuk, der aus ihm einen gefürchteten Piraten machen will. Doch Assad merkt bald, dass er zwar das Meer liebt, nicht aber das Plündern und Rauben, und so beschließt er zu fliehen …

U

Hütet euch vor Räuber Grapsch. Zwei Meter ist er groß. Mit seinem struppigen Bart sieht er zum Fürchten aus. Besonders klug ist er nicht, aber dafür besonders stark. Weder Fledermausdreck in der Suppe, noch Löwen in seiner Räuberhöhle können ihn aus der Ruhe bringen. Und wenn er Stiefel braucht, dann klaut er sie sogar dem Räuberhauptmann persönlich!

P

> Vielleicht findest du dein Lieblingsbuch in der Bücherei.

2 Schreibe auf, welcher Klappentext dich neugierig macht.
Begründe deine Entscheidung.

Heft 4 Seite 69 Aufgabe 2
Das Buch … würde ich gern
lesen, weil …

1 Lies die Texte.

Pippi Langstrumpf (voller Name: Pippilotta Viktualia Rollgardina Pfefferminz Efraimstochter Langstrumpf) lebt zusammen mit ihrem Pferd und ihrem Affen, Herrn Nilsson, allein in der Villa Kunterbunt.
Ihre Mutter ist tot und ihr Vater, eigentlich Seemann, ist momentan König auf einer Südseeinsel. Im Haus neben Pippi wohnen zwei Kinder: Annika und Tommy. Gemeinsam erleben sie viele aufregende Dinge.

Pippi war ein sehr merkwürdiges Kind. Das Allermerkwürdigste an ihr war, dass sie so stark war. Sie war so furchtbar stark, dass es auf der ganzen Welt keinen Polizisten gab, der so stark war wie sie. Sie konnte ein ganzes Pferd hochheben, wenn sie wollte. Und das wollte sie. Sie hatte ein eigenes Pferd, das sie für eines ihrer vielen Goldstücke gekauft hatte, an demselben Tag, an dem sie heimgekommen war in die Villa Kunterbunt. Sie hatte sich immer nach einem eigenen Pferd gesehnt. Und jetzt wohnte es auf der Veranda. Aber wenn Pippi ihren Nachmittagskaffee dort trinken wollte, hob sie es ohne Weiteres in den Garten hinaus.

„Sag mal, Pippi", fragte Tommy ehrfürchtig, „warum hast du eigentlich so große Schuhe?" „Damit ich mit den Zehen wackeln kann, weißt du", antwortete sie. Dann legte sie sich zum Schlafen hin. Sie schlief immer mit den Füßen auf dem Kopfkissen und mit dem Kopf tief unter der Decke.

„So schlafen sie in Guatemala", versicherte sie. „Das ist die einzig richtige Art zu schlafen. Und so kann ich auch mit den Zehen wackeln, wenn ich schlafe. Könnt ihr ohne Wiegenlied einschlafen?", fuhr sie fort. „Ich muss mir immer erst eine Weile was vorsingen, sonst krieg ich kein Auge zu."

Als Tommy und Annika Pippi zum Kaffeekränzchen ihrer Mutter einladen dürfen, macht sich Pippi richtig schick:

Nachmittags um drei stieg ein sehr feines Fräulein die Treppe zu Familie Settergrens Villa hinauf. Das war Pippi Langstrumpf. Das rote Haar trug sie wegen des besonderen Anlasses offen, und es lag wie eine Löwenmähne um ihre Schultern. Ihren Mund hatte sie mit einem Rotstift knallig rot gemalt, und die Augenbrauen hatte sie sich mit Ruß geschwärzt, sodass sie beinahe gefährlich aussah. Auch ihre Fingernägel hatte sie mit Rotstift bemalt, und auf ihren Schuhen hatte sie große grüne Schleifen befestigt.

2 Überlege mit einem Partnerkind, warum Pippi ein „merkwürdiges Kind" genannt wird. Sammelt Stichwörter.

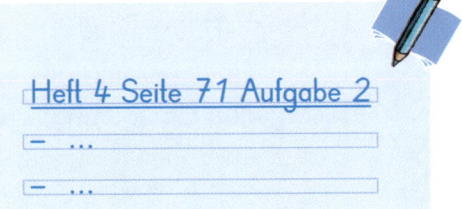

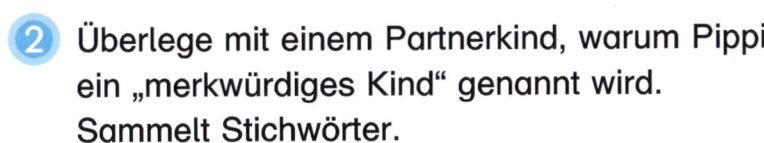

3 Suche dir ein Erlebnis, das die Kinder mit Pippi hatten, aus. Schreibe dazu einen Tagebucheintrag für Annika oder Tommy.

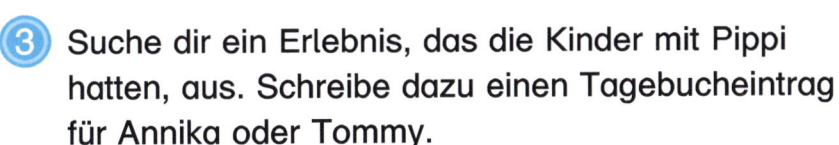

4 Hole dir zu deinem Tagebucheintrag aus **3** Rückmeldung von einem Partnerkind oder bilde eine Schreibkonferenz.

5 Beantworte die Fragen. Tausche dich mit anderen Kindern aus.

a) Wärst du auch gerne so wie Pippi Langstrumpf? Begründe.

b) Hättest du gerne so eine Freundin wie Pippi Langstrumpf? Begründe.

Grundschule Bayern

Themenheft 4
Lesen – mit Texten und
weiteren Medien umgehen

Herausgegeben von: Roland Bauer, Jutta Maurach

Erarbeitet von: Marion Bauer, Neuburg an der Donau
Karin Leopold, Erding

Auf der Grundlage
der Ausgabe von: Wiebke Gerstenmaier
Sonja Grimm

Unter Beratung von: Enno Hörsgen, Langerringen;
Dr. Klaus Metzger, Gersthofen;
Dr. Helga Rolletschek, Brunnthal;
Prof. Dr. Angelika Speck-Hamdan, München

Unter Begutachtung von: Sandra Kroll-Gabriel, Ingolstadt

Redaktion: Anemone Fesl, Christine M. Kaiser

Illustration: Yo Rühmer, Frankfurt am Main

Umschlaggestaltung: Cornelia Gründer, agentur corngreen, Leipzig

Layout und
technische Umsetzung: lernsatz.de

www.cornelsen.de

1. Auflage, 11. Druck 2026

Alle Drucke dieser Auflage sind inhaltlich unverändert
und können im Unterricht nebeneinander verwendet werden.

© 2015 Cornelsen Schulverlage GmbH, Berlin
© 2019 Cornelsen Verlag GmbH, Mecklenburgische Str. 53, 14197 Berlin, E-Mail: service@cornelsen.de

Druck: Cornelsen Verlagskontor, Bielefeld

ISBN 978-3-06-083600-0 (Schülerbuch)
ISBN 978-3-06-081798-6 (E-Book)

Dieses Heft ist Bestandteil des Pakets „Einsterns Schwester 3" (ISBN 978-3-06-083537-9) und kann auch einzeln bestellt werden.

PEFC-zertifiziert
Dieses Produkt
stammt aus
nachhaltig
bewirtschafteten
Wäldern und
kontrollierten Quellen
PEFC/04-31-3871 www.pefc.de